# CAHIER D'ACTIVITÉS

# ODYSSÉE C1-C2

MÉTHODE DE FRANÇAIS

## CORRIGÉS ET TRANSCRIPTIONS

# Sommaire

**Corrigés** P. 3

**Transcriptions** P. 25

# CORRIGÉS

# UNITÉ 1

## Leçon 1

1. **a.** 2 – **b.** 5 – **c.** 4 – **d.** 1 – **e.** 3
2. **a.** consulté – **b.** incontournable – **c.** démenti – **d.** investigation – **e.** critiques
3. **a.** avait bloqué – **b.** aviez souscrit – **c.** avaient écrit – **d.** s'était remis – avait berné – **e.** avais convaincu
4. **a.** Konbini est un média de contenus digitaux. – **b.** 3 – **c.** a – **d.** Konbini a une responsabilité civique envers les jeunes. – **e.** 2
5. **a.** 3 – **b.** HugoDécrypte expose l'actualité en format court. – **c.** Pour son public, HugoDécrypte a créé différentes chaînes d'actualités. – **d.** 1 – **e.** 3
6. *Exprimer son opinion :* selon moi – à mon avis – en ce qui me concerne – pour ma part – d'après moi – je pense que – il me semble que
*Exemple :* Pour m'informer au quotidien, j'apprécie énormément écouter la radio, notamment les émissions matinales. D'après moi, la radio permet d'avoir, d'une part, les informations factuelles durant les flashs info et, d'autre part, de pouvoir écouter des experts qui développent certains points de l'actualité durant les interviews. Pour ma part, je préfère écouter plutôt que lire ou regarder des vidéos. Cela me permet de travailler ou d'avoir des activités, tout en me cultivant et en m'enrichissant. J'ai l'impression que les informations sont plus filtrées, que le travail journalistique est plus professionnel à la radio qui me semble moins dans la surenchère de flux continu d'informations que la télévision ou les réseaux sociaux.

## Leçon 2

1. **a.** 2 – **b.** 5 – **c.** 3 – **d.** 1 – **e.** 4
2. **a.** serait – **b.** étaient – **c.** venaient – **d.** se mettait – **e.** avaient influencé
3. **a.** La directrice de ce média a affirmé que le nouveau format sortirait cet été. – **b.** Il a annoncé durant son témoignage qu'il ne pouvait pas être l'instigateur de ce scandale. – **c.** Le journal *Le Monde* a déclaré que tous ses journalistes vérifiaient leurs sources. – **d.** Je vous ai dit qu'elle allait d'abord vérifier la véracité de cette information avant de la publier. – **e.** Les 15-25 ont admis qu'ils ne lisaient plus la presse mais préféraient regarder des vidéos pour s'informer.
4. **a.** 2 – **b.** Si à 50 ans, vous aviez gagné au loto, depuis le jour de votre naissance, 2 millions d'euros par jour, vous n'auriez même pas un quart de la fortune de Bernard Arnault. – **c.** 3 – **d.** 3 – **e.** L'affirmation de Cécile Duflot est vraie car si nous avions gagné 2 millions d'euros, chaque jour depuis 50 ans, cela représenterait beaucoup moins d'un quart de la fortune de Bernard Arnault.
5. **a.** 1 – **b.** 3 – **c.** Ce sont les produits présentés comme des solutions miracles qui sont ciblés par cette campagne. – **d.** 2 – **e.** Le Pr. Didier Samuel constate, d'un côté, la baisse de confiance accordée par les Français à la science et, d'un autre côté, la hausse des fausses informations en santé sur les réseaux sociaux.
6. *Formule de politesse :* Monsieur Trompet, Lecteur/trice de votre quotidien depuis des années, je me permets de vous écrire pour vous faire part de mon étonnement face à la une du 20 mars.
*Expression de l'étonnement :* Je suis étonné(e), je suis surpris(e) + de/que – Je ne comprends pas que… – Je trouve cela surprenant que… – J'ai du mal à croire que… – À mon grand étonnement, …
*Expression du mécontentement :* Je suis mécontent(e), sidéré(e), consterné(e), désappointé(e), déçu(e) + de/que – Je n'aurais pas cru cela de vous – Je n'approuve pas que… – Je regrette que…
*Formule de politesse :* Je vous remercie d'avance de l'attention que vous porterez à ma demande et vous prie de croire en l'expression de mes sentiments distingués.

## Leçon 3

1. **a.** 3 – **b.** 5 – **c.** 1 – **d.** 2 – **e.** 4
2. **a.** lus – **b.** pu – **c.** interrogés – **d.** fait – **e.** cru
3. **a.** communiqué – **b.** fallu – **c.** reçues – **d.** dû – **e.** envoyé
4. **a.** 3 – **b.** 1 – **c.** 3 – **d.** 2 – **e.** 2
5. **a.** Cette émission est préparée et présentée par une équipe de journalistes ayant un trouble du spectre de l'autisme. – **b.** Faux. Durant cette émission, la liberté des journalistes donne un ton plus frais et plus spontané à l'interview. – **c.** 2 – **d.** 3 – **e.** Cette émission casse les caricatures sur les personnes ayant un trouble

du spectre de l'autisme. Ils peuvent démontrer leur professionnalisme et leur sérieux.

6. *Exemple* : Benoît Raphaël parle du chaos informationnel et essaie de proposer des solutions pour y faire face. La sollicitation massive des médias par le biais notamment des réseaux sociaux exacerbe la fatigue de chacun. Le temps gagné grâce aux technologies modernes est perdu en temps passé devant son écran. D'après Benoît Raphaël, cela implique des répercussions sur notre santé mentale et cognitive. Il compare aussi le fait de mal s'informer au fait de mal s'alimenter. Il estime que les médias devraient proposer une autre source d'activité que l'information en avertissement tout comme les marques alimentaires prônent la diversité alimentaire durant leurs spots publicitaires.

## Entraînement au DALF C1

### Compréhension orale

2. **a.** 1 – **b.** 2 – **c.** 3
3. **a.** 2 – **b.** Recevoir facilement les informations qui les intéressent, sans avoir à les chercher et à les trier. – **c.** 3 – **d.** 1

# UNITÉ 2

## Leçon 1

1. **a.** 5 – **b.** 3 – **c.** 1 – **d.** 4 – **e.** 2
2. **a.** lesquels – **b.** laquelle – **c.** auquel – **d.** duquel – **e.** auxquelles
3. **a.** duquel – **b.** à laquelle – **c.** lesquels – **d.** auquel – **e.** desquels
4. **a.** Cette émission parle des influenceurs famille sur les réseaux sociaux et notamment des enfants influenceurs. – **b.** 2 – **c.** 1 – **d.** Désormais, les parents doivent demander une autorisation et sont obligés de reverser de l'argent à leurs enfants.
5. **a.** 2 – **b.** 2 – **c.** 3 – **d.** Certaines plateformes payent au kilomètre plutôt qu'au temps de trajet, ce qui incite à la prise de risque. – **e.** Il y a une grosse influence des lobbys des plateformes.
6. *Exprimer son opinion* : selon moi – à mon avis – en ce qui me concerne – pour ma part – d'après moi – je pense que – il me semble que
*Exemple* : D'après moi, la surexposition des enfants sur les réseaux sociaux est très nocive pour ces derniers et devrait être légiférée. En effet, les répercussions de cette surexposition entraînent de nombreux risques pour les mineurs tels que la violation de leur vie privée, la récupération de certaines images à des fins de pédocriminalité mais aussi des problèmes d'estime de soi ou de travail dissimulé…

## Leçon 2

1. **a.** 4 – **b.** 7 – **c.** 1 – **d.** 5 – **e.** 2 – **f.** 6 – **g.** 3
2. **a.** demandions – **b.** réfléchisse – **c.** fasse – **d.** ait – **e.** pensiez – **f.** soient – **g.** comprennent
3. **a.** L'objectif est d'éviter de jeter des vêtements abîmés. – **b.** Il préconise de réparer les vêtements par soi-même. – **c.** L'inconvénient est de trouver un réparateur homologué. – **d.** 1 – **e.** 3
4. **a.** 1 – **b.** Les hommes sont jugés pour leur performance et non pour leur physique. – **c.** Les athlètes se recréent une féminité, c'est-à-dire qu'elles vont essayer par le biais du maquillage ou de leur tenue de féminiser leur image. – **d.** 3 – **e.** 2
5. *Exemple* : Grâce au bonus réparation, vous pourrez réparer vos vêtements ou vos chaussures tout en profitant de ce bonus mis en place par l'État. Il vous suffira d'aller chez un réparateur agréé par l'État par le label QualiRépar et une partie du prix de la réparation sera prise en charge. Pour le rapiècement d'un trou, d'un accroc ou d'une déchirure sur vos vêtements, vous avez le droit à 7 € de réparation à partir du moment où la réparation coûte plus de 12 € donc ça ne vous coûtera que 5 €. Le but de ce bonus est de vous inciter à raccommoder plutôt que d'acheter neuf. L'objectif est de contrer la surconsommation et la *fast-fashion*.

## Leçon 3

1. **a.** 3 – **b.** 5 – **c.** 1 – **d.** 2 – **e.** 4
2. **a.** Elle a obtenu son permis même si elle pensait avoir échoué. – **b.** Il préfère acheter seconde main au lieu d'acheter neuf. – **c.** La ville accueillera une nouvelle ligne de tramway. Cependant, les travaux ne prendront fin qu'en 2030. – **d.** Ils espéraient y arriver sauf qu'ils n'ont pas tenu leurs promesses. – **e.** Elle était très motivée par contre elle ne sera disponible qu'en mars. – **f.** Notre société prône l'individualisme tandis que cette philosophie prône l'altruisme. – **g.** On a décidé de manifester en dépit de la loi. – **h.** Je n'y irais jamais quand bien même on m'y inviterais.
3. **a.** 2 – **b.** Il s'est inspiré de la ville de Reims car cette ville possède de nombreuses cités-jardins

construites lors de sa rénovation après la Première Guerre mondiale. – **c.** La cité-jardin est d'origine anglaise. Elle est, en général, périphérique à la ville avec tous les services dont on a besoin : des écoles, des commerces. Elle est construite autour d'un grand jardin. – **d.** La cité-jardin d'Émile Fanjat est originale par sa forme car elle forme une boucle.

4. **a.** La tendance du luxe tranquille prône un luxe discret et non tape à l'œil par le choix de matière et d'objet qui sont moins ostentatoires. – **b.** 1. – **c.** Les matériaux doivent être bruts et naturels, ils ne doivent surtout pas être brillants et vernis. – **d.** La tendance du luxe tranquille est comparable au mouvement du *slow living* car ces deux idées de penser mettent en avant l'expérience plutôt que l'instantanéité.

5. *Exprimer son opinion :* selon moi – à mon avis – en ce qui me concerne – pour ma part – d'après moi – je pense que – il me semble que
*Articuler son texte en partie :* tout d'abord – en premier lieu – pour commencer – ensuite – puis – de plus – dans un deuxième temps – pour conclure – en somme – finalement

## Entraînement au DALF C1

### Compréhension écrite
**a.** Non, car elle divise les consommateurs en deux groupes (responsables et égoïstes), alors même qu'elle est sans doute réservée à une population aisée. / Non, car elle ne peut pas être réalisée de la même manière selon les groupes sociaux, les revenus. Pour l'auteur, elle semble réservée à une population aisée. – **b.** 3 – **c.** Faux. Justification : « […] on ne peut se préoccuper de réduire sa consommation qu'à condition d'avoir déjà suffisamment pour vivre dignement. » – **d.** Les achats répondant à un besoin qui ne peut être couvert par autre chose. L'auteur donne l'exemple d'une console de jeux pour enfants, lorsqu'aucun divertissement n'existe à proximité, même pas un jardin. – **e.** Les expériences immatérielles doivent primer sur les achats matériels. – **f.** Le fait de pouvoir réduire sa consommation et privilégier les expériences immatérielles relève en fait du luxe, car cela implique d'avoir le temps et les moyens pour y accéder. – **g.** 2 – **h.** 1 – **i.** Un changement du système global, permettant une sobriété heureuse accessible à tous, et non réservé aux personnes aisées. – **j.** Vrai. Justification : « Une telle transformation nécessiterait de penser les problèmes dans toute leur nuance et leur globalité, sans confronter artificiellement les modèles (consommateur responsable contre irresponsable […]). » – **k.** 1

### Production écrite
*Formule de politesse :* Lecteur/trice de votre magazine, je me permets de vous écrire au sujet du dossier sur le minimalisme et la sobriété heureuse.
*Être d'accord :* je suis pour – j'approuve – je suis favorable à – je soutiens
*Exprimer une contradiction, une nuance :* Cependant – Par contre – Bien que – Même si
*Articuler son développement :*
*Pour commencer :* premièrement – en premier lieu – tout d'abord
*Pour continuer :* deuxièmement – puis – mais encore – de surcroît
*Pour conclure :* finalement – en définitive – je terminerai en concluant que
*Exprimer sa pensée :* je considère que – j'estime que – j'imagine que – je crois que – j'ai le sentiment que – j'ai l'impression que – il me semble que – je constate que – je suis persuadé(e) que – j'admets que
*Adverbes pour affirmer son opinion :* certainement – évidemment – à l'évidence – sans aucun doute – sans conteste – incontestablement – assurément – manifestement
*Adverbes pour nuancer son opinion :* peut-être – tout au moins – du moins – vraisemblablement – sans doute – probablement

# UNITÉ 3

## Leçon 1

1. **a.** 3 – **b.** 5 – **c.** 1 – **d.** 2 – **e.** 4
2. **a.** candidat – **b.** présidentielles – **c.** quinquennat – **d.** exécutif – **e.** campagne électorale
3. Les politiciens essaient d'intéresser la jeunesse à leurs actions. <u>Comment ?</u> En utilisant les réseaux sociaux, pensant que ce canal sera le plus approprié. Ce moyen est <u>sans doute</u> logique mais <u>d'après moi</u>, montre la difficulté des représentants de l'État à communiquer efficacement avec les jeunes et à les intéresser à la politique.
4. **a.** Paul Midy ne souhaite pas interdire les pseudonymes mais obliger les utilisateurs à déclarer leur identité numérique. – **b.** 1 – **c.** 2 – **d.** L'opposition redoute que l'État mette Internet sous contrôle.

5. **a.** 3 – **b.** Louise Weiss met en place des opérations médiatiques pour mettre en lumière son combat. Elle crée des événements non violents, divertissants selon l'actualité pour faire parler des causes qu'elle défend. – **c.** 3 – **d.** Les suffragettes sont accusées par les hommes de passer plus de temps à manifester qu'à s'impliquer dans leur foyer notamment à repriser les chaussettes. Louise Weiss se moque donc d'eux en leur offrant des chaussettes et en leur promettant que leurs chaussettes seraient toujours raccommodées même si les femmes obtiennent le droit de vote.

6. *Exemples de mesures* : Meilleure communication entre les élus et les jeunes pour leur expliquer la force de leur voix électorale. – Développer en cours l'histoire du droit de vote pour que les jeunes sachent que c'est un privilège de pouvoir exprimer son opinion par le suffrage universel.

## Leçon 2

1. **a.** 3 – **b.** 6 – **c.** 1 – **d.** 5 – **e.** 2 – **f.** 4
2. en premier lieu – Depuis cette date – mais encore – J'ajouterai que – En définitive
3. **a.** 3 – **b.** Ces déplacements répondent, d'abord, à une logique de rentabilité, d'économies d'échelle. – **c.** La Cour des comptes européenne recommande d'éviter les trajets de plus de huit heures, d'avoir recours à des abattoirs de proximité et de favoriser le transport de la viande plutôt que des animaux vivants. – **d.** 1
4. **a.** L'auteur est issu d'un milieu désocialisé et pauvre. – **b.** 1 – **c.** 1 – **d.** Selon l'auteur, un patron atypique apprend à tirer parti de ces faiblesses : il se moque des conventions du management et centre son action sur des principes d'efficacité simples et robustes, il ne confond pas le théâtre social et la réalité du monde. – **e.** Ce sont les personnes qui donnent sens à la vie de personnes atypiques et qui les aident à se transcender.
5. *Exprimer son opinion* : selon moi – à mon avis – en ce qui me concerne – pour ma part – d'après moi – je pense que – il me semble que
*Les articulateurs du discours* :
*Pour commencer* : premièrement – en premier lieu – tout d'abord
*Pour continuer* : deuxièmement – puis – mais encore – de surcroît
*Pour conclure* : finalement – en définitive – je terminerai en concluant que

## Leçon 3

1. **a.** 2 – **b.** 4 – **c.** 6 – **d.** 1 – **e.** 3 – **f.** 7 – **g.** 5
2. **a.** c'est pourquoi – **b.** faute de – **c.** au point de – **d.** puisque
3. **a.** Il n'a pas rendu son mémoire sous prétexte que + phrase. – **b.** Elle a trouvé un sens à sa vie grâce à + nom. – **c.** Nous avons tout perdu au point de + verbe à l'infinitif. – **d.** Ils n'ont pas compris si bien que + phrase.
4. **a.** 2 – **b.** 1 – **c.** 3 – **d.** 2
5. **a.** 1 – **b.** 2 – **c.** 1 – **d.** On constate, par exemple, qu'au cinéma seulement 7 % des rôles ont été attribués à des comédiennes de plus de 50 ans. – **e.** Caroline souhaite montrer un corps vieillissant et non pas un corps parfait idéalisé.
6. *Exprimer son opinion* : selon moi – à mon avis – en ce qui me concerne – pour ma part – d'après moi – je pense que – il me semble que
*Exemples d'idées* : Lutter contre l'âgisme – Lutter contre l'ennui des personnes âgées – Lutter contre l'isolement et la solitude des personnes âgées – Autonomie des enfants – Canaliser l'énergie des enfants

## Entraînement au DALF C1

### Compréhension orale

**a.** Elle veut avoir une qualité de vie en dehors de son travail (quitte à gagner moins). – **b.** 1 – **c.** 2 – **d.** Une prise de conscience que le travail, dans le but d'une production et d'une consommation plus fort, est inutile. / Une inadéquation entre l'idéologie donnant de la valeur au travail (les valeurs productivistes) et l'état de la planète. – **e.** Sur le fait que certains métiers semblent absolument inutiles. / Sur le fait que certaines personnes jugent leur métier absolument inutile à la bonne marche de la société. – **f.** Un questionnement sur leur travail et leurs activités. / Un questionnement sur leur temps accordé au travail et à leurs autres activités. – **g.** 1 – **h.** Il entraîne le fait de consommer moins. – **i.** 2 – **j.** 3 – **k.** La création du revenu minimum universel, qui changerait le rapport au travail et à la vie. / Le revenu minimum universel, qui permettrait à chacun d'avoir une sécurité financière.

# UNITÉ 4

## Leçon 1

1. **a.** 4 – **b.** 1 – **c.** 3 – **d.** 5 – **e.** 2
2. **a.** produisent – **b.** pense – **c.** sont – **d.** a voté – **e.** se posent
3. **a.** sont – **b.** nage/nagent – **c.** reste/restent – **d.** cherche – **e.** risque
4. **a.** 2 – **b.** Les objets connectés consomment beaucoup d'énergie pour leur conception et pour leur utilisation. – **c.** 2 – **d.** C'est, d'une part, allonger la durée de vie des équipements et, d'autre part, recycler. – **e.** Il faut, en premier lieu, bien utiliser son appareil en le nettoyant et en le réparant. Puis, à la fin de son usage, le donner ou le recycler.
5. **a.** Vestiaire Collective a banni de sa plateforme les marques de *fast-fashion* et a conçu un parcours éducatif de sensibilisation pour ses utilisateurs. – **b.** Les cinq critères définis sont : les bas prix, le taux de renouvellement élevé, la largeur de la gamme de produits, la rapidité de mise sur le marché et les promotions récurrentes des marques. – **c.** 2 – **d.** Les pratiques durables mises en avant sont l'upcycling, l'échange, le don, et le recyclage des vêtements issus de la *fast-fashion*, plutôt que la revente.
6. *Donner des conseils* : à ta place / si j'étais toi – tu devrais / tu pourrais + verbe à l'infinitif – il faut / il ne faut pas / il faudrait / il vaut mieux que – je te conseille de / je te déconseille de / je te recommande de / je t'invite à / je te suggère de

## Leçon 2

1. **a.** Transition – **b.** nocif – **c.** cancérigènes – **d.** déforestation – **e.** transgénique
2. **a.** revienne – **b.** vont – **c.** comprendront – **d.** est – **e.** veuillent
3. **a.** Je trouvais que la langue française était facile à étudier jusqu'au moment où + verbe à l'indicatif. – **b.** Je suis en train de travailler tandis que mes amis + verbe à l'indicatif. – **c.** Je me marierai aussitôt que + verbe à l'indicatif. – **d.** J'aimerais voyager avant que + verbe au subjonctif.
4. **a.** 1 – **b.** 2 – **c.** Un « memristor » est un composant, qui sur le modèle du cerveau, traite et stocke l'information. – **d.** L'objectif est de pouvoir fabriquer un ordinateur neuromorphique en assemblant tous les « memristors ».
5. **a.** Il a réalisé son stage de fin d'études au sein de sa propre entreprise. – **b.** Il a créé un processus qui permet de séparer du reste les substances toxiques présentes dans un mégot de cigarette, sans utiliser d'eau ni de solvant toxique. – **c.** Les activités sont la sensibilisation auprès des fumeurs, la collecte et le recyclage de mégots, et enfin la revalorisation en matériaux isolants pour le bâtiment ou le rembourrage textile. – **d.** 1 – **e.** Les entreprises et les collectivités sont la cible de TchaoMégot.
6. *Être d'accord* : je suis pour – j'approuve – je suis favorable à ce projet – je soutiens
*Être en désaccord* : je suis contre – je désapprouve – je suis défavorable à ce projet – je suis opposé(e) à

## Leçon 3

1. **a.** 3 – **b.** 5 – **c.** 1 – **d.** 2 – **e.** 4
2. **a.** était – **b.** donneraient – **c.** allait être – **d.** avait servi – **e.** devraient
3. **a.** menaçait – **b.** devaient – **c.** pourrions – **d.** changerait
4. **a.** 3 – **b.** 2 – **c.** Ce seraient les métiers liés à la transition écologique qui recruteront massivement dans les années à venir. – **d.** 1 – **e.** Le seul frein à agir pour l'environnement est le frein financier.
5. **a.** 3 – **b.** Durement. – **c.** Elle ne demande qu'une seule plantation, elle ne demande aucun entretien au niveau des produits phytosanitaires, elle est très peu gourmande en eau et résiste mieux que le maïs aux périodes de sécheresse et de canicule. – **d.** 2 – **e.** 2
6. *Exprimer sa pensée* : je considère que – j'estime que – j'imagine que – je crois que – j'ai le sentiment que – j'ai l'impression que – il me semble que – si je suis tout à fait honnête – je constate que – je suis persuadé(e) que – j'admets que

## Entraînement au DALF C1

### Compréhension orale

**a.** Ces réunions permettent aux grandes villes de partager leurs pratiques, de s'inspirer les unes des autres. Chacune veut montrer qu'elle met en place des actions, il y a une compétition saine / une stimulation entre les villes. – **b.** 1 – **c.** Protéger leur population et la biodiversité. – **d.** Ces nécessités sont différentes, selon l'environnement dans lequel elles se trouvent. Leurs actions doivent donc

être différentes, bien qu'il s'agisse toujours de faire face aux problèmes environnementaux. – **e.** 3 –
**f.** Il est difficile de transformer les habitudes de transport routier des habitants, bien qu'ils disent être pour la lutte contre le changement climatique. – **g.** Montréal possède un très bon réseau cyclable, mais les conditions climatiques de l'hiver freinent la pratique du vélo. Cependant, de plus en plus de personnes utilisent leur vélo en hiver. –
**h.** Concernant la préservation des espaces verts, bien que cela soit coûteux. – **i.** Il s'agit d'un quartier à faible émission carbone, et où le transport électrique et collectif est majoritaire. – **j.** 3

## Production écrite

*Idées principales, qui doivent apparaître dans la note de synthèse :*
– La pollution numérique est très importante, elle concerne la production des objets numériques jusqu'à l'utilisation d'Internet et au stockage des données accessibles en ligne.
– La pollution numérique engendre des extractions de métaux (rares et métaux de terre), allant de pair avec une contamination de l'eau et une production radioactive. Elle débouche sur une énorme quantité de déchets électroniques. Elle engendre aussi une très grande consommation d'énergie, principalement basée sur le charbon, et donc source de vastes émissions de $CO_2$.
– La pollution numérique est aussi liée à une obsolescence programmée et indirecte des objets numériques, qui nécessitent d'être renouvelés alors même qu'ils fonctionnent encore.
– Les objets numériques sont de plus en plus performants et des efforts sont faits pour limiter leur impact.
– La consommation de contenus numériques, stockés en ligne ainsi que la demande des consommateurs pour les contenus de haute définition augmente énormément (d'environ 25 % par an). Cela entraîne donc une pollution plus grande.
– Cette pollution et cette consommation ne peuvent être compatibles avec une économie verte.
– Des actions sont nécessaires pour rendre le numérique plus durable. Elles touchent à différents pans du numérique : des accords mondialisés ; le passage à une économie circulaire ; le fait de répertorier les problèmes de pollutions, à toutes les échelles ; le passage à une économie plus verte.
– Les problèmes environnementaux créés par le numérique sont très peu connus, le numérique est pensé comme « dématérialisé », donc sans impacts sur l'environnement.

– Le grand public doit être alerté sur ce sujet, pour pouvoir aussi passer à une sobriété numérique.
– La prise de conscience sur les enjeux de la pollution numérique semble débuter, mais reste très restreinte (monde de la recherche).
– Peu de changements semblent se profiler. Les actions en cours pour limiter cette pollution sont marginaux et très individuels, et non collectifs comme nécessaire.

*Plan possible ; connecteurs logiques possibles :*
1. Problème de la pollution numérique
– La pollution numérique est très importante, elle concerne la production des objets numériques jusqu'à l'utilisation d'Internet et au stockage des données accessibles en ligne.
– La pollution numérique engendre des extractions de métaux (rares et métaux de terre), allant de pair avec une contamination de l'eau et une production radioactive. Elle débouche sur une énorme quantité de déchets électroniques. Elle engendre aussi une très grande consommation d'énergie, principalement basée sur le charbon, et donc source de vastes émissions de $CO_2$.
– De plus, la pollution numérique est aussi liée à une obsolescence programmée et indirecte des objets numériques, qui nécessitent d'être renouvelés même alors qu'ils fonctionnent encore.
2. Évolution de la consommation numérique
– Les objets numériques sont de plus en plus performants et que des efforts sont faits pour limiter leur impact.
– Cependant, la consommation de contenus numériques, stockés en ligne ainsi que la demande des consommateurs pour les contenus de haute définition augmente énormément (d'environ 25 % par an). Cela entraîne donc une pollution plus grande.
– De plus, même si la prise de conscience sur les enjeux de la pollution numérique semble débuter, mais reste très restreinte (monde de la recherche).
– De ce fait, les problèmes environnementaux créés par le numérique sont très peu connus, le numérique est pensé comme « dématérialisé », donc sans impacts sur l'environnement.
3. Solutions possibles
– Cette pollution et cette consommation ne peuvent être compatibles avec une économie verte.
– Des actions sont alors nécessaires pour rendre le numérique plus durable. Elles touchent à différents pans du numérique : des accords mondialisés ; le passage à une économie circulaire ; le fait de répertorier les problèmes de pollutions, à toutes les échelles ; le passage à une économie plus verte.

– **Également**, le grand public doit être alerté sur ce sujet, pour pouvoir aussi passer à une sobriété numérique.
– **Toutefois**, peu de changements semblent se profiler. Les actions en cours pour limiter cette pollution sont marginaux et très individuels, et non collectifs comme nécessaire.

# UNITÉ 5

## Leçon 1

1. **a.** généticien(ne) – **b.** mathématicien(ne) – **c.** physicien(ne) – **d.** biologiste
2. **a.** pourront – **b.** détecterait **c.** trouve – **d.** vieillira
3. **a.** faudra – **b.** vendrait – **c.** devra – **d.** guérirait
4. **a.** 3 – **b.** 1 – **c.** Les télomères sont les extrémités des chromosomes. – **d.** Les scientifiques ont pris le poisson zèbre comme substitut car il partage 70 % de ses gènes avec l'être humain et son vieillissement est proche aussi de celui de l'être humain notamment dans les maladies qu'il développe.
5. **a.** Le télescope ELT sera le plus grand télescope jamais construit avec un miroir possédant la surface réfléchissante la plus grande au monde. Il pourra détecter des objets grâce à sa collecte de lumière. – **b.** Le télescope ELT permettra aux scientifiques d'observer certaines des premières galaxies formées et d'analyser des données notamment sur la matière noire ou la vie extraterrestre. – **c.** 3 – **d.** 3
6. *Adverbes pour affirmer son opinion* : certainement – évidemment – à l'évidence – sans aucun doute – sans conteste – incontestablement – assurément – manifestement
*Adverbes pour nuancer son opinion* : peut-être – tout au moins – du moins – vraisemblablement – sans doute – probablement

## Leçon 2

1. **a.** 4 – **b.** 1 – **c.** 3 – **d.** 2 – **e.** 5
2. **a.** tâches – **b.** innovation – **c.** potentiel – **d.** productivité
3. **a.** emploieraient – **b.** Auriez – **c.** pourrions – **d.** Serais – **e.** enverriez
4. **a.** 2 – **b.** Le rapport Afrique numérique démontre que la disponibilité de l'Internet augmente les emplois et réduit la pauvreté. **c.** Alors que 84 % de la population vit dans des zones où des services d'internet mobile 3G ou 4G sont disponibles, en moyenne seuls 22 % d'entre eux utilisaient des services internet mobiles fin 2021. **d.** Selon le rapport, lorsque les technologies numériques répondent mieux aux besoins des personnes, des emplois sont créés et les revenus augmentent, mettant ainsi les technologies numériques au service des Africains, et non l'inverse.
5. **a.** 1 – **b.** La culture verticale consiste à faire pousser les plantes verticalement pour maximiser l'utilisation de l'espace. – **c.** 2 – **d.** Le plus gros point faible de ces modèles économiques est l'utilisation de l'énergie et son coût. – **e.** Les fermes urbaines se focalisent sur certains produits à forte valeur ajoutée tels que les herbes aromatiques, les micro-pousses et les fleurs comestibles car ils sont plus rentables à cultiver.
6. *Exprimer les avantages et les inconvénients* : un avantage – un atout – les points positifs – un bénéfice ; un inconvénient – un désavantage – les points négatifs – un défaut ; Le principal inconvénient est… – Un des avantages est… – D'une part,… d'autre part,… – utilisation du comparatif

## Leçon 3

1. **a.** 4 – **b.** 2 – **c.** 5 – **d.** 1 – **e.** 3
2. **a.** attraction – **b.** catastrophes – **c.** solaire – **d.** gravité – **e.** fonds marins
3. *Exemples* : **a.** Nous connaissons relativement peu de choses sur notre univers. – **b.** Notre univers semble s'agrandir constamment. – **c.** La Voie lactée, tout comme les autres galaxies, est inexorablement propulsée à grande vitesse à travers l'espace. – **d.** Ainsi, paradoxalement, nous avons une idée moins précise de ce à quoi ressemblent les profondeurs océaniques que certaines planètes situées à des millions de kilomètres, comme Mars, Vénus et Mercure ! – **e.** Pour éclairer notamment les effets que cela pourrait avoir sur le monde naturel, sur les espèces et les écosystèmes.
4. **a.** 2 – **b.** Ce qui fascine le plus Thomas Pesquet c'est la couleur et la lumière de la Terre. – **c.** 1 – **d.** Le but des missions spatiales est d'observer la Terre de manière globale pour pouvoir l'étudier. – **e.** Thomas Pesquet n'approuve pas le tourisme spatial en tant que divertissement mais pourrait trouver intéressant que celui-ci s'oriente vers la recherche.
5. **a.** C'est vrai. L'exploration des grands fonds marins fait partie des objectifs de France 2030.

– **b.** Les conditions de vie des grands sont décrites comme extrêmes car il y fait froid, la pression est extrême et l'obscurité totale. – **c.** La bioluminescence est la production de lumière par un animal. – **d.** La France compte explorer les grands fonds marins à l'aide d'un sous-marin et d'un drone. – **e.** La France a pour objectif d'explorer les grands fonds marins car ils recèlent de découvertes qui pourraient aider la science.

6. *Décrire son expérience* : j'ai participé, j'ai réalisé, j'ai géré, j'ai eu la chance/l'honneur de…
*Décrire ses compétences* : être ouvert(e), avoir le sens de l'aventure, être flexible… – être motivé(e), courageux/courageuse, audacieux/audacieuse, autonome… – s'adapter rapidement, comprendre les objectifs, gérer les situations complexes…
*Conclure* : C'est avec plaisir que je vous rencontrerai pour vous détailler mes compétences et vous exposer mes motivations pour rejoindre votre équipe.

## Entraînement au DALF C1

### Compréhension orale

2. **a.** 1 – **b.** 2 – **c.** Concevoir des outils ayant moins d'impacts environnementaux.
3. **a.** 2 – **b.** 1 – **c.** 1 – **d.** 3

### Compréhension écrite

**a.** Participer à un projet scientifique depuis chez soi, en tant que citoyen, acteur de la société civile ou scientifique amateur. – **b.** 1 – **c.** Parce qu'il permet non seulement une visibilité des projets, mais met aussi à disposition de chacun les outils nécessaires à la collecte de données (applications spécifiques, appareil photo, reconnaissance par l'image…). Il permet de plus aux scientifiques de donner les informations nécessaires aux participants. – **d.** 1 – **e.** Vrai. Justification : « En faisant appel à la participation bénévole des citoyens, la sphère scientifique mobilise une ressource lui permettant un gain de temps et d'argent considérable et bienvenue pour des chercheurs qui souffrent bien souvent de ces deux contraintes. » – **f.** Faux. Justification : « Avoir recours à beaucoup d'observateurs, répartis dans l'espace et le temps, représente également une certaine ubiquité dans la collecte des données. Avoir des yeux et des oreilles partout et à toute heure optimise grandement ce processus. » – **g.** Il a un impact social car il donne de la visibilité à la crise de la biodiversité, et permet aux scientifiques d'envisager les solutions possibles, d'alerter politiquement et de tenter d'influencer les décisions politiques concernant la préservation de la biodiversité. – **h.** 1 – **i.** 1 – **j.** Car les participants n'ont pas les formations requises pour réaliser des collectes de données neutres, objectives. Or, si les données sont trop hétérogènes ou difficilement interprétables, cela peut avoir des conséquences sur les résultats de l'étude. – **k.** Répondre aux problématiques du développement durable, pallier aux contraintes financières de la recherche. Cependant, elle nécessite un vrai engagement des chercheurs, qui n'est pas simple actuellement.

# UNITÉ 6

## Leçon 1

1. **a.** organigramme – **b.** collectivité – **c.** audit – **d.** obsolète – **e.** cabinet de recrutement

2. **a.** Le changement indispensable <u>du point de vue des</u> sociologues serait de recréer une véritable orientation des salariés selon leurs envies mais aussi la réalité du marché du travail. – **b.** Les manifestants <u>déclarent que</u> le gouvernement nivelle vers le bas les conditions de travail. – **c.** <u>Comme l'explique</u> les syndicats, les inégalités sociales vont être renforcées par cette réforme.

3. **a.** 1 – **b.** 2 – **c.** Un bifurqueur, c'est un étudiant d'une grande école qui se détourne des voies attendues suite à ces études et choisit une carrière compatible avec ses valeurs écologiques. – **d.** 2 – **e.** Les étudiants aimeraient aborder des sujets plus axés sur l'écologie durant leurs cours tels que la décroissance, la transition énergétique ou la finance verte.

4. **a.** 2 – **b.** Christophe Leon n'avait plus rien à apprendre de son travail et il a été sensibilisé à l'écologie par des rencontres essentielles. Ces deux points ont été les motivations à changer radicalement de vie. – **c.** 2 – **d.** Cette reconversion a permis à Christophe Leon de se reconnecter à la nature et à son rythme.

5. *Exemples de points positifs* : Le temps de transport réduit pour les salariés avec des conséquences sur l'écologie, les dépenses et la santé mentale et le stress des salariés. – Le temps de travail adapté à une vie privée ou une vie familiale plus équilibrée. – La productivité qui est poussée par une meilleure performance.
*Exemples de points négatifs* : L'isolement de certains salariés. – Le travail d'équipe qui est complexifié. – L'inconfort selon la taille de son logement et la possibilité d'avoir un lieu de travail calme et isolé.

## Leçon 2

1. **a.** 3 – **b.** 1 – **c.** 5 – **d.** 2 – **e.** 4

2. **a.** Il faut trouver une solution <u>pour que</u> la *fast-fashion* ne soit pas trop représentée sur les sites de revente en ligne. – **b.** Un accord va être passé avec la grande distribution <u>en vue de</u> relancer le pouvoir d'achat des Français. – **c.** À travers cette campagne, ils <u>visent à</u> sensibiliser les jeunes à la surconsommation. – **d.** Ils consomment de manière excessive <u>dans l'intention de</u> compenser un manque de vie et de plaisir.

3. **a.** J'aimerais changer de mode de vie de sorte que + phrase au subjonctif – **b.** Je trie mes vêtements dans la perspective de + verbe à l'infinitif – **c.** Nous nous sommes inscrits à un vide-grenier avec l'idée de + verbe à l'infinitif – **d.** En créant une association, j'aspire à + verbe à l'infinitif

4. **a.** 1 – **b.** Le premier objectif est de pouvoir permettre aux usagers de consommer de manière économique et le deuxième objectif est de réutiliser des vêtements avant qu'ils ne deviennent des déchets à traiter. – **c.** D'après le reportage, l'industrie textile est une industrie qui nécessite beaucoup trop d'eau. – **d.** 2 – **e.** Les créations d'upcycling sont des créations faites par des couturières avec des vêtements réutilisés ou des tissus anciens.

5. **a.** 1 – **b.** La marque Veja a choisi pour ses produits des matériaux durables. – **c.** La marque Veja s'est engagée dans la réinsertion en engageant 430 salariés accompagnés. – **d.** La marque Veja compense le coût économique de ses productions en n'investissant pas dans la publicité. – **e.** La marque Veja est liée à l'actrice Meghan Markle car cette dernière, en portant une paire de Veja lors d'un événement sportif, a participé à la reconnaissance et donc à la publicité de la marque.

6. *Exemple d'arguments :*
1. Argument écologique : Acheter en seconde main, c'est moins de vêtements neufs à produire. Il y aurait donc moins de consommation d'énergie perdue dans la matière première, la production, le transport et le stockage.
2. Argument économique : Acheter en seconde main, c'est acheter d'occasion. Cela permettrait de faire des économies en achetant moins cher mais aussi en revendant des produits que l'on ne porte plus.
3. Argument social : Acheter en seconde main, c'est participer à un système plus social. Vide-greniers, ressourceries, collecteries, la seconde main enrichit les contacts sociaux et les systèmes de réinsertion.

## Leçon 3

1. **a.** 3 – **b.** 5 – **c.** 1 – **d.** 2 – **e.** 4

2. Enseigner le français à travers le monde ? Quel beau projet ! <u>Mais encore faudrait-il donner les moyens aux enseignants de le faire. Reconnaissance de leurs diplômes, salaires revalorisés, reconnaissance des institutions. Il est inutile de préciser que</u> le rôle de l'enseignant est primordial, il transmet les connaissances, la culture mais aussi l'amour de la langue et les valeurs de la République. Dépenser des millions dans un projet de valorisation de la francophonie. <u>Quelle belle idée !</u> Mais toute cette énergie et ces dépenses auraient pu permettre d'aider à valoriser l'enseignement du français en France et à travers le monde par des femmes et des hommes dévoués à la langue française.

3. **a.** Je vais tout faire pour atteindre mon rêve quitte à + verbe à l'infinitif. – **b.** J'ai beau réfléchir, je ne comprends toujours pas + nom. – **c.** Je voudrais vivre dans mon pays quoique + phrase au subjonctif. – **d.** La France est un pays incroyable bien que + phrase au subjonctif.

4. **a.** 2 – **b.** La première méthode est de terrasser les terres pour pouvoir conserver l'eau et la deuxième méthode est de planter des arbres. – **c.** 1 – **d.** C'est un incendie qu'il a subi qui a poussé Slim Zarrouk à mettre en place la permaculture au sein de sa ferme. – **e.** 2

5. **a.** 2 – **b.** L'objectif crucial pour les ambitions climatiques de l'Union européenne pour 2040 est la neutralité carbone. – **c.** Certains dirigeants appellent à une pause car ils trouvent les restrictions trop contraignantes pour les industriels et les agriculteurs. – **d.** 1

6. *Les informations clés :*
– Il s'agit d'un reportage tourné en Tunisie au sujet de la permaculture qui permet aux agriculteurs de pallier le manque d'eau.
– Amine Ben Abdallah est propriétaire d'une ferme dont les terres sont verdoyantes. Ceci est expliqué par Amine qui a mis en place des techniques agro-écologiques et agro-forestières telles que le terrassement et la plantation d'arbres pour pallier la canicule.
– Les choix d'Amine sont confortés par le contraste saisissant de la comparaison avec les champs de son voisin qui sont désertiques.

Son voisin applique les techniques d'agriculture conventionnelle et par les chiffres nationaux de baisse de récolte.
– Slim Zarrouk, suite à un incendie, a décidé d'appliquer la permaculture au sein de sa ferme. Tout a son importance, un arbre, la matière organique, pour aider à produire.
– Amine et Slim vendent leurs produits en circuit court via une association de permaculture qui forme les agriculteurs tunisiens.

## Entraînement au DALF C1

**Compréhension orale**
2. a. 2 – b. 1 – c. 1
3. a. Ils sont triés, réparés et recyclés. – b. 1 – c. 2 – d. 1

**Production écrite**
*Idées principales, qui doivent apparaître dans la note de synthèse :*
– L'outil numérique est présent dans tous les métiers.
– La puissance de calcul des outils numériques est bien supérieure à la capacité de traitement humaine, mais il s'agit simplement d'un calcul de données statistiques, non d'une réelle compréhension.
– Pour cela, la machine ne peut remplacer l'humain. Elle peut produire des résultats erronés, basés sur des statistiques, non sur une réelle évaluation d'un sujet. Il faut prendre conscience de cela.
– Dans les milieux professionnels, l'usage du numérique peut apporter de nombreux avantages, notamment une prise en charge de tâches physiquement pénibles ou répétitives ; des tâches plus intéressantes, avec plus de responsabilités, pour les employés.
– Cependant, cet usage renforce aussi souvent la charge de travail humaine, car cela implique de traiter plus de données, de dossiers.
– Cela va aussi de pair avec une surveillance accrue des employés, basée sur un calcul de l'efficacité peu réaliste : utiliser son ordinateur est considéré comme efficace, alors qu'une vraie conversation professionnelle ne l'est pas ; de même pour traiter de nombreux dossiers simples, plutôt qu'un dossier complexe.
– Cela engendre donc une baisse de qualité dans le service rendu, le travail effectué.
– Le développement du numérique est considéré comme l'apparition de l'imprimerie.
– Pour que cette révolution technique soit positive, elle doit être encadrée par un vrai dialogue social au sein des lieux de travail, impliquant le personnel, ainsi que par un réel contrôle de la machine et de son utilisation par l'humain.

*Plan possible ; connecteurs logiques possibles :*
1. Présence et avantages du numérique dans le travail
– L'outil numérique est présent dans tous les métiers.
– Le développement du numérique est considéré comme l'apparition de l'imprimerie.
– La puissance de calcul des outils numériques est bien supérieure à la capacité de traitement humaine.
– Dans les milieux professionnels, l'usage du numérique peut apporter de nombreux avantages, notamment une prise en charge de tâches physiquement pénibles ou répétitives ; des tâches plus intéressantes, avec plus de responsabilités, pour les employés.

2. Inconvénients du numérique dans le travail
– <u>Cependant,</u> cet usage renforce aussi souvent la charge de travail humaine, car cela implique de traiter plus de données, de dossiers.
– Cela va aussi de pair avec une surveillance accrue des employés, basée sur un calcul de l'efficacité peu réaliste : utiliser son ordinateur est considéré comme efficace, alors qu'une vraie conversation professionnelle ne l'est pas ; de même pour traiter de nombreux dossiers simples, plutôt qu'un dossier complexe.
– Cela engendre <u>donc</u> une baisse de qualité dans le service rendu, le travail effectué.
– <u>De plus,</u> il s'agit simplement d'un calcul de données statistiques, non d'une réelle compréhension.
– <u>Pour cela,</u> la machine ne peut remplacer l'humain. Elle peut produire des résultats erronés, basés sur des statistiques, non sur une réelle évaluation d'un sujet. Il faut prendre conscience de cela.

3. Actions nécessaires
– <u>Ainsi</u>, il faut prendre conscience de ces problèmes.
– Pour que cette révolution technique soit positive, elle doit être encadrée par un vrai dialogue social au sein des lieux de travail, impliquant le personnel, ainsi que par un réel contrôle de la machine et de son utilisation par l'humain.

# UNITÉ 7

## Leçon 1

1. **a.** 4 – **b.** 2 – **c.** 1 – **d.** 5 – **e.** 3
2. <u>Bien qu'</u>ils soient divorcés depuis un mois, leur situation n'est <u>toutefois</u> pas très claire pour ce qu'il s'agit de la garde des enfants et de la vente de leur maison. <u>Pourtant</u>, ils ont fait appel à un médiateur pour essayer de trouver des compromis. <u>Mais</u> il reste encore certains désaccords <u>en dépit de</u> la bonne entente qui règne entre eux.
3. **a.** J'aimerais beaucoup vivre à Paris malgré + un nom. – **b.** J'adore voyager cependant + une phrase à l'indicatif. – **c.** Je souhaiterais me marier bien que + une phrase au subjonctif. – **d.** Je suis très attaché(e) à mon pays mais + une phrase à l'indicatif.
4. **a.** 1 – **b.** 3 – **c.** Certains dossiers doivent être renvoyés à une date ultérieure par manque de temps car trop d'affaires sont jugées sur une même journée. – **d.** 1 – **e.** 2
5. **a.** 3 – **b.** 2 – **c.** 1 – **d.** C'est l'association, la Ligue protectrice des animaux du nord de la France, qui a été indemnisée du préjudice matériel, moral et animalier.
6. *Expressions de la concession :* mais – cependant – bien que – malgré – pourtant – néanmoins – toutefois – en dépit de – alors même que – or...
*Exemple de production :* En dépit du bon sens, le ministre de la Justice souhaiterait renforcer les condamnations données aux jeunes à partir de 12 ans en les jugeant comme des adultes. D'après le ministre, cela permettrait de lutter contre les violences, or les études démontrent pour la plupart que le rôle des mineurs est minoritaire en tant qu'auteurs d'infractions. Bien que les violences exercées sur les enfants soient en hausse, le gouvernement décide d'axer sa politique sur la répression des jeunes plutôt que sur leur protection.

## Leçon 2

1. **a.** 4 – **b.** 2 – **c.** 3 – **d.** 5 – **e.** 1
2. **a.** 2 – **b.** 4 – **c.** 1 – **d.** 3
3. **a.** Il est impensable que + phrase au subjonctif. – **b.** Il est choquant de + verbe à l'infinitif. – **c.** Il est révoltant que + phrase au subjonctif. – **d.** Il est inhumain de + verbe à l'infinitif. – **e.** Il est inconcevable que + phrase au subjonctif.
4. **a.** 1 – **b.** 2 – **c.** L'association l'Îlot propose une aide au logement, à la formation et à l'emploi. – **d.** D'après Ludovic Gorez, la difficulté majeure des anciens détenus est de réapprendre l'autonomie après en avoir été privé. – **e.** Les domaines professionnels proposés aux anciens détenus sont la cuisine, le maraîchage ou la mécanique automobile.
5. **a.** 1 – **b.** 3 – **c.** C'est une nouvelle exploitation des preuves qui a permis l'identification d'un profil génétique sur la clé de la voiture de la victime. – **d.** Le pôle « cold cases » de Nanterre dispose d'expertises ADN, d'une approche comportementaliste du passage à l'acte, de l'élaboration de cartes mentales... Le pôle développe aussi le partage d'expertises juridiques et scientifiques avec d'autres pays. – **e.** 2
6. *Présentation générale :* dates, période historique et politique, accusé(e)(s), victime(s)...
*Présentation de l'acte criminel :* description détaillée, acteurs de justice...
Arguments pour comprendre l'importance de ce procès dans votre pays.

## Leçon 3

1. **a.** 2 – **b.** 4 – **c.** 1 – **d.** 3 – **e.** 5
2. **a.** 5 – **b.** 3 – **c.** 1 – **d.** 4 – **e.** 2
3. **a.** Sa peine de <u>détention</u> a été réduite de plusieurs mois grâce au programme de formation qu'il a suivi. – **b.** Cette réforme de la justice propose de lutter contre <u>la criminalité</u> par des moyens répressifs. – **c.** La juge <u>a condamné</u> avec sursis les jeunes qui étaient accusés. – **d.** <u>Sa punition</u> est de devoir effectuer plusieurs travaux d'intérêt général. – **e.** Il a été condamné à la prison <u>à vie</u>.
4. **a.** 1 – **b.** Ces cercles sont organisés pour des anciens détenus qui ont purgé de longues peines. – **c.** Les qualités attendues pour devenir volontaire sont l'écoute, la disponibilité, les limites personnelles claires dans leur construction. – **d.** Ces cercles servent à réinsérer et à socialiser les anciens détenus.
5. **a.** 2 – **b.** 1 – **c.** Certains détenus ont dû être transférés en urgence de la prison car un audit de sécurité a révélé la dangerosité de la prison due à son insalubrité. – **d.** M<sup>e</sup> Julia Massardier s'inquiète de ces transferts puisque cela éloignera les détenus de leur famille et d'une possible réinsertion. – **e.** Le député Gérard Leseul

a écrit une lettre au ministre de la Justice, suite à la visite de cette prison, pour réclamer une solution.

6. *Informations clés* : Situation d'insalubrité extrême de la prison de Rouen. – Transfert de détenus suite à un audit sécurité et les inconvénients. – Un recours a été déposé par deux avocates. – Réaction du sénateur suite à sa visite et non réaction du ministère suite à son courrier.

### Entraînement au DALF C1

#### Compréhension orale

**a.** Car il s'agit d'un mécanisme cérébral / cognitif / psychologique. Il s'agit d'une intuition, donnée par le cerveau, et non d'une réflexion rationnelle. – **b.** 1 – **c.** 2 – **d.** Il donne l'exemple des dents ou de la marche : l'humain y est prédisposé biologiquement, mais le fait d'avoir des dents ou de marcher apparaît bien après la naissance. – **e.** Elle va de pair avec les informations reçues de l'environnement extérieur, qui peuvent être des normes enseignées (famille, religion) ou implicites. – **f.** Il donne l'exemple d'un chien à qui l'on parlerait en français, et qui ne va pas pour autant pouvoir le parler, alors que les humains apprennent à parler le langage dans lequel ils ont baigné enfants. Le cerveau humain est donc biologiquement prédéterminé pour la capacité du langage. – **g.** On s'aperçoit qu'il existe des universaux moraux : des normes morales similaires existent dans toutes les sociétés humaines. – **h.** 1 – **i.** À réguler la coopération entre les humains. – **j.** La coopération réciproque entre les humains. – **k.** 1

# Unité 8

### Leçon 1

1. **a.** 4 – **b.** 2 – **c.** 3 – **d.** 1

2. **a.** combattants – **b.** conflit – **c.** génération – **d.** période – **e.** colonial

3. Chaque soir, sur le chemin de retour, je lui tiens le bras tendrement. Nous traversons parfois le Monoprix pour faire quelques courses. Je termine systématiquement avec un jouet ou des bonbons. Elle ne sait pas me dire non. Ou, plutôt, elle ne me refuse rien, seul bénéfice de l'enfant unique adoré. Ma bienfaitrice avec moi, on traverse l'avenue de l'Opéra, la rue Gaillon et nous arrivons enfin chez nous, dans notre rue, ce territoire étrange dont le bar-tabac dessine la frontière secrète. C'est la principauté de mon père, Julian, le gardien du théâtre de la Michodière, situé dans la rue du même nom. Il y tient le pavé et le zinc des comptoirs. Il ouvre les grilles du théâtre chaque matin, apporte le courrier dans les bureaux de la direction, puis s'assied sur les longues marches en pierre.

4. **a.** 2 – **b.** Cela signifie que la France ne fait pas de distinction entre les héros de la nation, selon leur nationalité ou bien même selon leur religion. – **c.** Les deux aspects sont d'un côté l'hommage rendu au résistant et d'un autre côté, le message politique que souhaite envoyer le Président. – **d.** 1 – **e.** La panthéonisation de Gisèle Halimi est contestée pour le moment et ne fait pas l'unanimité du fait de son soutien au FLN durant la guerre d'Algérie.

5. **a.** Elle a obtenu le premier rôle de la *Revue nègre* car elle a remplacé la vedette principale américaine qui refusait de se rendre à Paris. – **b.** Elle est devenue une espionne, passant messages et microfilms à travers l'Europe et le bassin méditerranéen. – **c.** 1 – **d.** La naturalisation française est le fait de recevoir la nationalité française.

6. *Exemple de production écrite* : Incarnation féminine de la résistance, Lucie Aubrac (de son vraie Lucie Samuel, née Bernard) naît le 29 juin 1912, d'une famille de vignerons bourguignons. Engagée et brillante, elle milite aux jeunesses communistes, est diplômée de l'École normale et agrégée d'histoire. Elle devient professeure à Strasbourg où elle rencontre Raymond Samuel qu'elle épouse en 1939.
Au début de la Seconde Guerre mondiale, en août 1940, elle organise une première fois l'évasion de son mari, prisonnier de guerre en Moselle. Refusant la défaite et le gouvernement de Vichy, les deux époux gagnent la zone libre et s'engagent dans la Résistance, intégrant le noyau de Libération-sud. Ils prennent alors le nom d'Aubrac. En juin 1943, Raymond est arrêté par la Gestapo, avec Jean Moulin notamment. Déterminée, Lucie Aubrac réussit une nouvelle fois à le faire évader. Recherchée par les nazis, elle gagne Londres en février 1944. La guerre terminée, le général de Gaulle la charge de mettre en place les comités départementaux de la Libération. Elle participe également à l'assemblée consultative du gouvernement provisoire de la République française. Toujours aussi engagée, elle milite notamment contre la guerre d'Algérie, puis pour Amnesty

International. Elle entre dans les rangs du Réseau Femmes pour la Parité et à la fin de sa vie se mobilise pour les sans-papiers.
Sollicitée par les écoles pour parler de la Résistance, Lucie Aubrac s'est exécutée sans relâche jusqu'à la fin de sa vie. Elle meurt le 14 mars 2007, à Issy-les-Moulineaux (Hauts-de-Seine).

D'après : https://laubrac.loire-atlantique.e-lyco.fr/presentation-du-college/biographie-de-lucie-aubrac-441-htm/

## Leçon 2

1. **a.** 3 – **b.** 5 – **c.** 1 – **d.** 2 – **e.** 4
2. **a.** Ils <u>auraient</u> certainement dû limiter les mécénats aux particuliers pour la rénovation de ce palais. – **b.** <u>Malgré</u> un investissement énorme, <u>on est loin</u> d'avoir achevé le chantier de Notre-Dame. – **c.** Les chants traditionnels, dont les comptines pour enfants, <u>devraient</u> faire partie du patrimoine protégé. – **d.** <u>Je ne crois pas que ce soit</u> l'aboutissement d'une vie que d'entrer au Panthéon.
3. **a.** Il est intéressant que l'esclavagisme en France soit un sujet peu développé. – **b.** Le rôle des femmes durant le Moyen Âge a vraisemblablement été minimisé par les historiens. – **c.** Les anciens combattants ont quand même été récompensés selon leur origine. – **d.** Il est important que les anciens présidents de la République puissent être jugés à présent.
4. **a.** La Journée européenne du patrimoine est une journée durant laquelle les bâtiments historiques sont ouverts au public. – **b.** 1 – **c.** Les savoirs, les techniques, les traditions, la danse ou le chant sont des domaines qui font partie du patrimoine culturel immatériel. – **d.** Les spécialistes craignent une folklorisation qui pourrait figer ses coutumes qui sont vivantes et changeantes par essence. – **e.** Les exemples de patrimoines immatériels cités par le journaliste sont la gastronomie, le chant et la danse à travers la baguette, le gwoka, les chants polyphoniques corses et les fest-noz.
5. **a.** 2 – **b.** L'Œuvre Notre-Dame est une institution créée en 1206 afin d'assurer la construction et l'embellissement de la cathédrale. – **c.** L'architecture de la cathédrale de Strasbourg mêle le style roman et le style gothique. – **d.** 1 – **e.** Les œuvres contenues dans la cathédrale citées dans l'article sont la rosace, le pilier des anges et l'horloge astronomique entre autres.

6. *Description* : période de construction, lieu de l'édifice, architecture, architecte, différentes parties.
*Importance culturelle* : emplois de ce bâtiment, personnages historiques, événements historiques.

## Leçon 3

1. **a.** revendiquer – **b.** dicter – **c.** boucs émissaires – **d.** abolition – **e.** commémoration
2. **a.** moins que – **b.** plus – **c.** aussi – **d.** autant
3. **a.** aussi – **b.** moins de – **c.** plus – **d.** autant de
4. **a.** 2 – **b.** L'esclavage moderne est défini comme la traite des êtres humains. – **c.** 2 – **d.** 1 – **e.** Cela signifie que ce jugement est une première condamnation qui servira de précédent, d'exemple ou de modèle pour les procès à venir.
5. **a.** 2 – **b.** 1 – **c.** 2 – **d.** 1 – **e.** Le podcast *Ma Tonkinoise* est une quête personnelle car Hanaë Bossert, la narratrice, part à la recherche de l'histoire de sa grand-mère pour mieux comprendre ses origines, l'histoire qui a provoqué l'exil de sa grand-mère mais aussi pour mieux se comprendre.
6. *Les informations clés* :
   – Le reportage parle de l'esclavage moderne.
   – Définition de l'esclavage : traite des êtres humains.
   – Lien entre oppresseur et victime.
   – Différents types d'esclavage.
   – Explications quant au fait que les condamnations pour traite des êtres humains sont rares.
   – Avancée juridique avec jurisprudence grâce au procès du gérant.
   – La formation aux acteurs nécessaires à la répression.

## Entraînement au DALF C1

### Compréhension orale

2. **a.** 3 – **b.** 1 – **c.** 3
3. **a.** L'histoire et la formation de la Voie lactée, notre Galaxie. – **b.** 3 – **c.** 3 – **4.** 1

### Compréhension écrite

**a.** Faux. Justification : « [Les ] *serious games*, [...] étant conçus pour l'apprentissage, combinent généralement avec difficulté l'apprentissage et la dimension ludique [...] : tantôt 'trop ludiques' (les savoirs sont trop peu présents ou mal articulés avec le gameplay et les joueurs sont focalisés sur la dimension ludique), tantôt 'trop sérieux' (les joueurs apprennent mais ne s'amusent pas car le jeu est centré sur le savoir de façon déséquilibrée). » – **b.** 2 – **c.** Les recherches sur l'apprentissage liant jeu vidéo et disciplines étudiées sont rares. L'histoire lui semble souvent présente dans les jeux vidéo, elle est de plus une discipline très étudiée. – **d.** Le passage d'une période à une autre. / Le fait que l'histoire n'est pas faite de « grands blocs », mais d'une suite d'événements. / La manière dont les périodes historiques de changement sont constituées. – **e.** 1 – **f.** 1 – **g.** 2 – **h.** Les jeux vidéo qui associent une dimension ludique, une liberté d'action et la nécessité d'obtenir des connaissances pour progresser dans le jeu. – **i.** Car la pratique du jeu vidéo demande beaucoup de temps (pour pouvoir être à l'aise avec le jeu). De plus, le matériel coûte cher. Enfin, l'utilisation du jeu vidéo n'est pas toujours bien considérée par les parents d'élèves comme par la hiérarchie de certains établissements scolaires. – **j.** Il réalise des vidéos de parties d'un jeu vidéo parlant de la Première Guerre mondiale, et procède avec ses élèves à une analyse du jeu, des faits historiques vrais ou faux présents dans le jeu. – **k.** Vrai. Justification : « Il leur propose ainsi de développer leur esprit critique et participe plus généralement à l'éducation aux médias et à l'information de façon interdisciplinaire (tout en transmettant des savoirs en histoire-géographie). »

# Unité 9

### Leçon 1

1. **a.** 4 – **b.** 2 – **c.** 1 – **d.** 3 – **e.** 5
2. **a.** artistique – **b.** pertinent – **c.** touché(e) – **d.** créatif – **e.** ironique
3. **a.** Il s'agit d'un film mi-documentaire, mi-fiction. – **b.** *Little Girl Blue* retrace des passages de la vie de Carole Achache pour comprendre qui elle était. – **c.** 1 – **d.** 2 – **e.** D'après Marion Cotillard, ce film est inédit car il est extrêmement documenté, notamment grâce aux archives de Carole Achache dont ses enregistrements.
4. **a.** 2 – **b.** 2 – **c.** 1 – **d.** Le choix d'acteurs qui ne sont pas têtes d'affiche est justifié par le fait d'incarner des anonymes. – **e.** une ampleur scénique inattendue / un sens du groupe, de l'espace et du visuel / *Passeport* voit grand et Alexis Michalik pense large / Salutation au passage aux divers accents et langues / Le dispositif scénique n'écrase pas le récit et la documentation sur le sujet nourrit la dramaturgie / le jeu de toute la troupe réchauffe les sentiments / L'écriture et la mise en scène d'Alexis Michalik remettent les pendules à l'heure de certaines convictions et nourrissent le débat / *Passeport* convainc dans sa dramaturgie pour laquelle l'auteur-metteur en scène crée une pièce originale et universelle.
5. Présentation de l'œuvre : titre, langue, réalisateur/trice, metteur/euse en scène, genre, acteurs. – Présentation des personnages. Présentation de l'histoire. / Opinion : le son, le jeu des acteurs, la construction de l'œuvre, le rythme, le récit, le message porté par l'œuvre…

### Leçon 2

1. **a.** 4 – **b.** 1 – **c.** 3 – **d.** 2 – **e.** 5
2. **a.** le codage – **b.** un logiciel – **c.** un(e) faussaire – **d.** un(e) programmeur/programmeuse – **e.** une image générée
3. **a.** 1 – **b.** 1 – **c.** Les NFT ont actuellement perdu énormément de valeur. – **d.** Les avantages cités des NFT sont, tout d'abord, de révolutionner le marché de l'art, de permettre aux artistes numériques de sortir de l'anonymat en s'affranchissant des galeristes et puis, de rencontrer un nouveau public convaincu par la dématérialisation. – **e.** Les NFT ne vont pas encore disparaître car la situation peut s'améliorer en neutralisant les projets insignifiants. Ils peuvent aussi se développer dans le domaine des jeux vidéo et connaître un regain d'intérêt grâce à cette perte de valeur.
4. **a.** La problématique abordée par le film *Bâtiment 5* est le mal logement. – **b.** 2 – **c.** 2 – **d.** Les personnages de Tania et de son père en arrivant en France ont une véritable désillusion car la banlieue ne ressemble en rien à la France qu'ils s'étaient imaginés. – **e.** En montrant une réalité, en posant des questions, le film de Ladj Ly dénonce des faits de société actuels comme le mal logement, l'accueil des réfugiés et les problèmes de logement pour les personnes précarisées.
5. *Être d'accord* : je suis pour – j'approuve – je suis favorable à ce projet – je soutiens
*Être en désaccord* : je suis contre – je désapprouve – je suis défavorable à ce projet – je suis opposé(e) à

## Leçon 3

1. **a.** dialogues – **b.** actes – **c.** représentations – **d.** scène – **e.** amateur

2. *Exemples de réponses :* **a.** de légèreté – **b.** la liberté – **c.** le cinéma – **d.** les films romantiques – **e.** les drames familiaux.

3. **a.** ce dont – **b.** ce qui – **c.** ce que – **d.** ce dont – **e.** ce que

4. **a.** 2 – **b.** Je trouve que cela permet de repartir de bonne humeur pour la semaine et de ne pas avoir le blues du dimanche. – **c.** 1 – **d.** Le stand-up est un spectacle humoristique qui se joue dans une petite salle. Ce spectacle est assez spontané et avec des interactions avec le public. – **e.** Un gratteur est une personne qui n'est pas inscrite à un créneau de stand-up mais qui se présente pour remplacer les absents sur scène.

5. **a.** L'improvisation théâtrale est une pratique théâtrale exercée sous forme de matchs. L'improvisation ne demande pas de mémorisation de texte. – **b.** 1 – **c.** La professeure Nathalie Amourette estime que l'improvisation apporte un enrichissement langagier et une meilleure compréhension du schéma narratif à ses élèves. – **d.** 2 – **e.** D'après l'article, l'improvisation est une discipline très importante pour développer l'art de l'oralité et faire des citoyens plus épanouis car elle permet aux jeunes de se sociabiliser, de prendre confiance, de développer leur rhétorique et leur écoute ce qui va les préparer aux enjeux sociétaux.

6. *Les informations clés :*
   – les motivations du public
   – les raisons du succès du stand-up
   – le nombre croissant des stand-uppeurs
   – l'accessibilité du stand-up

## Entraînement au DALF C1

### Compréhension orale

**a.** 2 – **b.** De plusieurs manières : par un choix esthétique du directeur artistique ; une volonté forte de l'artiste sur scène ; l'envie de jouer des musiques à la mode du moment. – **c.** Ses tâches sont multiples : composer de la musique, arranger, diriger l'orchestre. Mais le plus important est la préparation du spectacle et le fait de travailler en étroite collaboration avec l'artiste pour répondre à ses besoins musicaux, ainsi qu'en pensant au public. – **d.** Il interprète la musique selon la volonté du compositeur, mais aussi selon ses choix personnels, ses humeurs. – **e.** Car son orchestre doit accompagner en temps réel le spectacle ayant lieu sur scène, il doit être en connexion avec l'artiste sur scène, comme à l'opéra, ou dans un ballet ou une opérette. – **f.** 1 – **g.** De nombreux styles de musique sont joués, du classique au rock ou d'autres styles actuels. Ils doivent suivre l'actualité et s'accorder avec la performance de l'artiste sur scène. – **h.** 1 – **i.** Leur capacité à faire plusieurs spectacles par jour, à faire preuve d'une endurance remarquable. – **j.** 2 – **k.** Sa capacité à être en lien avec les musiques actuelles, que son orchestre réarrange.

### Production écrite

*Idées principales, qui doivent apparaître dans la note de synthèse :*

– Le développement et la présence du numérique est si important que les structures culturelles doivent s'y adapter, notamment pour s'adresser au public jeune.
– Chez les jeunes, l'accès à la culture se fait principalement via leur smartphone et les réseaux sociaux.
– Les contenus présents sur ces applications sont très nombreux, gratuits ou peu onéreux, et concurrencent fortement les structures culturelles.
– Certains artistes se produisent en ligne, via des plateformes largement utilisées par les jeunes. Des structures culturelles proposent des spectacles en ligne (opéra) ou des jeux vidéo (musées) qui rencontrent bien le public jeune.
– Du fait de leur habitude des réseaux sociaux et de leurs formats, les jeunes attendent un contact plus direct avec les artistes.
– Les expériences de spectacles vivants en présentiel sont cependant fortement appréciées par les jeunes. Elles se distinguent des expériences digitales, qui offrent moins d'émotions.
– Des structures culturelles ont commencé à proposer des offres adaptées au public jeune, que celui-ci apprécie, particulièrement quand ces offres sont interactives (public-artistes), proposent des espaces d'expression, ou des expériences immersives et ludiques.
– Les jeunes valorisent les offres culturelles divertissantes, émotionnelles et ludiques, qui transmettent par ce biais des savoirs.
– Cependant, le public des structures culturelles est majoritairement âgé.
– Les structures culturelles ont souvent peur du numérique, elles utilisent encore des outils de communication plus traditionnels.
– Les structures culturelles doivent apprendre à utiliser le numérique, oser trouver de nouvelles

formes de communication, développer leur interaction numérique pour s'adresser au public jeune.

*Plan possible ; connecteurs logiques possibles :*
1. Les problèmes rencontrés par les structures culturelles
– Les structures culturelles ont souvent peur du numérique, elles utilisent encore des outils de communication plus traditionnels.
– <u>De ce fait</u>, le public des structures culturelles est majoritairement âgé.
– <u>Pourtant</u>, les expériences de spectacles vivants en présentiel sont fortement appréciées par les jeunes. Elles se distinguent des expériences digitales, qui offrent moins d'émotions.
– <u>Mais</u> le développement et la présence du numérique est si important que les structures culturelles doivent s'y adapter, notamment pour s'adresser au public jeune.
2. Pratiques culturelles des jeunes
– <u>En effet</u>, chez les jeunes, l'accès à la culture se fait principalement via leur smartphone et les réseaux sociaux.
– <u>De plus</u>, les contenus présents sur ces applications sont très nombreux, gratuits ou peu onéreux. Ils concurrencent <u>donc</u> fortement les structures culturelles.
– <u>Du fait de</u> leur habitude des réseaux sociaux et de leurs formats, les jeunes attendent un contact plus direct avec les artistes.
– Les jeunes valorisent <u>également</u> les offres culturelles divertissantes, émotionnelles et ludiques, qui transmettent par ce biais des savoirs.
3. Actions nécessaires
– Les structures culturelles doivent apprendre à utiliser le numérique, oser trouver de nouvelles formes de communication, développer leur interaction numérique pour s'adresser au public jeune.
– <u>Ainsi</u>, des structures culturelles ont commencé à proposer des offres adaptées au public jeune, que celui-ci apprécie, particulièrement quand ces offres sont interactives (public-artistes), proposent des espaces d'expression, ou des expériences immersives et ludiques.
– <u>Par exemple</u>, certains artistes se produisent en ligne, via des plateformes largement utilisées par les jeunes. Des structures culturelles proposent des spectacles en ligne (opéra) ou des jeux vidéo (musées) qui rencontrent bien le public jeune.

# UNITÉ 10

## Leçon 1

1. **a.** 4 – **b.** 1 – **c.** 5 – **d.** 3 – **e.** 2
2. *Exemples* : **a.** En partant ce jour-là, il a repris sa veste et son engagement. – **b.** Je crois en toi et en la fibre optique. – **c.** Sans argent, on manque de nourriture et de fierté. – **d.** Cet après-midi, j'ai croisé mon voisin et mon destin.
3. **a.** Prétérition – **b.** Prétérition – **c.** Zeugme syntaxique – **d.** Zeugme syntaxique
4. **a.** 1 – **b.** *Tristan et Iseut* a été écrit dans différents dialectes de l'ancien français. – **c.** Ce livre l'a incitée à faire des études d'ancien français. – **d.** 2 – **e.** D'après Clara Dupont-Monot, quand un livre peut provoquer chez nous une émotion ou une passion, on peut revivre ce sentiment en amour.
5. **a.** 1 – **b.** Ce livre interroge de nombreux écrivains et écrivaines contemporains autour de questions qui abordent la politique sous différents aspects. – **c.** Les autrices et des auteurs interrogés estiment majoritairement que la littérature engagée est dépassée. La notion d'engagement ne répond plus à leur vision du politique. – **d.** D'après les personnes interrogées, la littérature est sans conteste politique qu'elle le veuille ou non. La littérature contemporaine aborde notamment des thèmes très politisés tels que l'écologie, la finance ou le terrorisme.
6. *Exprimer son opinion* : je considère que – j'estime que – j'imagine que – je crois que – j'ai le sentiment que – j'ai l'impression que – il me semble que – si je suis tout à fait honnête – je constate que – je suis persuadé(e) que – j'admets que

## Leçon 2

1. **a.** 3 – **b.** 5 – **c.** 1 – **d.** 2 – **e.** 4
2. **a.** Chaque semaine, le cercle littéraire se réunit dans le salon de thé du quartier pour discuter des grands classiques de la littérature mondiale. – **b.** À travers les pages de ce roman, l'écrivain explore les tréfonds de l'âme humaine, dévoilant les tourments et les passions qui animent ses personnages. – **c.** Dans la pénombre de leur chambre, les poètes laissent jaillir les mots comme des étoiles filantes, illuminant les ténèbres de leur esprit. – **d.** Pendant la séance de dédicaces, l'autrice échange des anecdotes avec ses lecteurs, partageant les coulisses de la création littéraire avec enthousiasme. –

**e.** Chaque jour, l'étudiant se plonge dans les méandres de la littérature comparée, explorant les liens entre les œuvres et les mouvements artistiques à travers les siècles.

3. **a.** 2 – **b.** L'histoire alternative est le fait de reprendre un fait passé, de le modifier et d'imaginer les répercussions historiques. – **c.** La fiction spéculative est un terme littéraire qui regroupe différents courants tels que la science-fiction, l'horreur, la fantaisie, l'histoire alternative et le réalisme magique. – **d.** 1 – **e.** On n'apprend pas à nager en restant dans le petit bain signifie qu'il faut se lancer et faire preuve de courage pour apprendre et faire.

4. **a.** 1 – **b.** La création du journal d'Anne Frank au sein de l'annexe est inédite car elle a dû se faire dans le silence et l'immobilité durant deux ans. – **c.** Anne Frank a décidé de faire de son journal une œuvre littéraire suite à l'appel d'un ministre hollandais de garder toutes traces écrites en tant que preuves historiques. – **d.** 2 – **e.** Anne Frank n'a jamais été considérée en tant qu'écrivaine car son œuvre a toujours été représentée comme le journal intime d'une adolescente. Tout le travail de réécriture n'a jamais été évoqué par ses différents éditeurs et de nombreuses modifications ont été apportées à son travail sans respect pour son travail d'autrice.

5. *Exemple de production écrite* : Virginie Despentes est une écrivaine et réalisatrice française née le 13 juin 1969 à Nancy. Elle est surtout connue pour son style provocateur et ses œuvres engagées qui explorent les thèmes de la violence, du genre, de la sexualité et de la marginalité.
Son premier roman, *Baise-moi* (1993), co-écrit avec Coralie Trinh Thi, a suscité une controverse considérable en raison de sa représentation crue de la sexualité et de la violence. Cependant, il a également été salué pour sa critique sociale acérée.
Despentes a continué à écrire des romans acclamés tels que *Les Jolies Choses* (1998), *Apocalypse Bébé* (2010) et la trilogie *Vernon Subutex* (2015-2017), qui explore les fractures de la société contemporaine à travers le personnage éponyme.
En plus de son travail d'écrivaine, Despentes est également une réalisatrice reconnue et une théoricienne du féminisme et du genre avec notamment son essai *King Kong théorie* qui est un manifeste pour un nouveau féminisme.
Virginie Despentes est une voix importante dans la littérature contemporaine française, reconnue pour sa capacité à défier les normes et à aborder des sujets tabous avec audace et perspicacité. Elle a été récompensée par de nombreux prix littéraires et a été jury au prix Goncourt.

## Leçon 3

1. **a.** 3 – **b.** 5 – **c.** 1 – **d.** 2 – **e.** 4

2. **a.** larmes légères luisaient – **b.** murmure mystérieux, écho énigmatique – **c.** vagues violentes, rochers rugueux – **d.** rêves de l'écrivain s'envolaient – **e.** éclats éblouissants

3. **a.** Les critiques littéraires qui ont émergé sur le réseau social TikTok sont de jeunes adolescents, des filles essentiellement. – **b.** 2 – **c.** Les critiques littéraires sont surtout des expressions d'émotions illustrées par des vidéos. – **d.** 1 – **e.** Le nouveau public recherché par les agents littéraires sont les jeunes tiktokeurs qui ont des comptes avec de nombreux abonnés.

4. **a.** 1 – **b.** Baptiste Beaulieu a commencé à écrire lors de ses gardes aux urgences en tant que médecin pour garder une trace de ce qu'il vivait. – **c.** C'est le journal *Le Monde* qui a lancé Baptiste Beaulieu en mettant en valeur son blog. – **d.** 2

5. *Exemples de production* : En tant que passionné de littérature, un livre qui m'a profondément marqué est *Seule en sa demeure* de Cécile Coulon. La richesse des personnages, l'intensité des émotions et les thèmes universels abordés dans ce roman m'ont captivé dès les premières pages et ont laissé une empreinte indélébile dans mon esprit. L'univers qu'elle a su créer est sombre et énigmatique et l'on a du mal à en sortir à la fin du livre. – Voici un livre que j'apprécie particulièrement dans la littérature, il s'agit de *Veiller sur elle* de Jean-Baptiste Andrea. La simplicité et la profondeur de l'écriture de Andrea, ainsi que les questions existentielles soulevées dans ce roman, font de cette œuvre une lecture incontournable pour moi. Les thèmes abordés tels que l'art, l'amour, l'amitié ou l'éternité sont des thèmes universels qui auront un écho pour chaque lecteur.

# UNITÉ 11

## Leçon 1

1. **a.** 4 – **b.** 1 – **c.** 2 – **d.** 5 – **e.** 3

2. *Exemples de phrases :* **a.** Son ton impérieux laissait peu de place au débat. – **b.** La statue érigée par l'artiste a une valeur symbolique pour les habitants. – **c.** Les contours du paysage étaient flous dans le brouillard matinal telle une toile impressionniste. – **d.** Son raisonnement était strictement rationnel, basé sur des faits concrets. – **e.** Cette théorie artistique repose sur des principes conceptuels fondamentaux.

3. **a.** 1 – **b.** Guillaume a été attiré par le mouvement hip-hop car il dessinait déjà un peu et qu'il s'est identifié à ce mouvement pour pouvoir s'exprimer et s'affirmer. – **c.** Léna ne comprend pas l'approche négative que le graffiti provoque en général. Pour elle, il est normal de prendre part active à son environnement urbain de manière artistique. – **d.** Le dessin, les échelles, les points de fuite et les ombrages sont des techniques artistiques particulières nécessaires au graffiti. – **e.** L'association Paris Street Culture privilégie les graffs éphémères pour les enfants car les murs assignés par la mairie de Paris sont déjà peints et les graffeurs ne veulent pas repasser dessus et il est interdit de peindre sur d'autres murs.

4. **a.** 2 – **b.** Les « colleuses » sont des femmes, ayant une sensibilité féministe et une posture face aux violences faites aux femmes. Elles pratiquent des collages de messages dans la rue pour dénoncer notamment les féminicides. – **c.** 1 – **d.** Le débat entre militantes est intéressant dans la mesure où il fait avancer et permet de pousser toutes les réflexions collectives. – **e.** Les « colleuses » souhaitent laisser une trace dans la rue de leurs revendications quant au féminicides.

5. *Exemple de production écrite :* La Liberté guidant le peuple est une œuvre emblématique de la peinture française du XIXᵉ siècle, réalisée par Eugène Delacroix en 1830. Ce tableau puissant et évocateur capture un moment historique décisif : la révolution de juillet 1830 en France, également connue sous le nom de Trois Glorieuses. Au centre de la composition se tient une figure allégorique féminine, représentant la Liberté. Elle brandit un drapeau tricolore français et avance courageusement sur les barricades, guidant le peuple dans sa lutte pour la liberté et la justice. Son visage incarne à la fois la détermination et l'espoir, symbolisant l'aspiration collective à un avenir meilleur. Autour d'elle, une foule hétéroclite se rassemble : des ouvriers, des soldats, des étudiants, des femmes, tous unis dans un élan de révolte contre l'oppression et l'injustice. Les couleurs vives et le mouvement dynamique des personnages confèrent au tableau une intensité dramatique, reflétant l'urgence et la passion du moment révolutionnaire.

*La Liberté guidant le peuple* est devenue un symbole indéniable de la France, incarnant les idéaux de liberté, d'égalité et de fraternité qui ont façonné son histoire. Elle rappelle le courage et la résilience du peuple français face à l'adversité, et continue d'inspirer les générations à venir dans leur quête de justice et de liberté. Par sa portée universelle et son impact visuel, cette œuvre demeure un pilier de la culture et de l'identité françaises, célébrant l'esprit révolutionnaire qui anime le pays depuis des siècles.

## Leçon 2

1. **a.** incomplétude – **b.** paupérisation – **c.** grâce – **d.** consumérisme – **e.** engouement

2. **a.** ait exprimé – **b.** aient ignoré – **c.** n'aient pas sélectionné – **d.** n'ait pas suscité – **e.** se soient battus

3. **a.** 2 – **b.** L'initiative récente du Rijksmuseum d'Amsterdam consiste à mettre à disposition gratuitement 700 000 œuvres d'art en ligne. – **c.** L'auteur exprime sa crainte que l'abondance d'œuvres d'art accessibles en ligne ne conduise à se perdre dans un maquis sans chemin et à ne plus savoir où donner de la tête et du cœur. Il qualifie ces pensées d'absurdes et de ridicules. – **d.** Les avantages et les fonctionnalités offerts par la plateforme en ligne du Rijksmuseum, selon l'auteur, comprennent l'organisation des œuvres, leur mise en contexte, leur enrichissement parfois par des vidéos, leur hiérarchisation et leur mise en lumière. Toutes les images sont libres de droits et peuvent être modifiées ou retravaillées par les utilisateurs. – **e.** L'auteur partage son expérience personnelle de redécouverte d'une œuvre d'art spécifique qui l'avait marqué durant son enfance.

4. **a.** Selon Alice Lesort, les aspects distinctifs du cinéma français qui contribuent à son attrait auprès des cinéphiles du monde entier sont son audace et son identité extrêmement forte. – **b.** 1 – **c.** David Thion exprime l'opinion que le cinéma

français est capable de produire des œuvres très créatives avec beaucoup moins de moyens financiers que ceux disponibles aux États-Unis. – **d.** L'argument avancé par Alice Lesort concernant le rôle du cinéma dans la remise en question des certitudes du spectateur est que le cinéma est un espace de réflexion qui amène le spectateur à s'interroger et à questionner ses certitudes plutôt qu'à lui imposer des informations. – **e.** 2.

5. *Exemple de production écrite* : Cette citation de Serge Tribolet souligne la profondeur de l'œuvre d'art en tant que lieu de convergence pour diverses dimensions de l'expérience humaine. Elle met en avant l'idée que l'œuvre va au-delà de sa matérialité pour devenir un espace où réside une présence vivante, véhiculant un savoir, une intention et une expression directe de l'artiste. Cette présence transcende la simple perception sensorielle pour atteindre l'inconscient de l'observateur, suscitant des résonances émotionnelles et intellectuelles profondes. En somme, elle met en avant la capacité de l'art à communiquer de manière subtile et puissante avec notre être intérieur.

## Leçon 3

1. **a.** 3 – **b.** 5 – **c.** 1 – **d.** 4 – **e.** 2
2. **a.** telle – **b.** tels – **c.** telle – **d.** telles
3. **a.** telles que – **b.** tels que – **c.** telles que – **d.** tel que – **e.** telle que
4. **a.** Les caractéristiques principales de la Fashion Week de Paris comprennent la présentation des collections automne-hiver et printemps-été par les grandes maisons de prêt-à-porter de luxe. Les défilés ont lieu dans des lieux prestigieux à Paris et sont suivis par des stars, des acheteurs et des journalistes de mode, avec une diffusion en ligne et sur les réseaux sociaux. – **b.** Le rôle des défilés de mode pendant la Fashion Week est de présenter les nouvelles collections, tout en offrant une vitrine promotionnelle gratuite pour les vêtements et accessoires des marques. – **c.** La haute couture se distingue du prêt-à-porter par la création de modèles uniques sur mesure pour une clientèle fortunée, tandis que le prêt-à-porter propose des vêtements produits en série, prêts à être portés par le grand public. – **d.** Les autres grands centres de la mode dans le monde comprennent New York, Londres et Milan. De nouvelles villes sont en train d'émerger telles que Copenhague, Anvers ou Séoul. – **e.** New York est connue pour ses vêtements faciles à porter, Londres pour son avant-gardisme, et Milan pour le savoir-faire des grandes marques italiennes. Ces villes organisent également leur propre semaine de la mode.

5. **a.** Les principaux éléments qui caractérisent l'approche artistique d'Iris van Herpen sont sa fusion de la mode, de l'art et des sciences, ainsi que son utilisation de nouvelles technologies pour repousser les limites traditionnelles de la mode. – **b.** Iris van Herpen décrit son enfance en soulignant son amour pour l'art et les vêtements, notamment influencée par sa grand-mère. Cette expérience de l'enfance a nourri son désir d'exprimer et d'incarner des idées à travers la mode. – **c.** Les thèmes récurrents dans les créations d'Iris van Herpen incluent la nature, le mouvement et la complexité des sensations. Ces thèmes se reflètent dans son processus créatif par l'exploration de nouvelles formes, textures et techniques de fabrication. – **d.** Les méthodes de fabrication alternatives et responsables sont importantes pour Iris van Herpen car elle est consciente des problématiques de son temps. Elle met en œuvre ces méthodes en utilisant des matériaux recyclés et des techniques de fabrication durables, telles que l'impression 3D à partir de plastique recyclé ou de fèves de cacao.

6. *Exemple de production écrite* : Le tatouage, autrefois perçu comme une marque d'appartenance à des sous-cultures marginales, s'est progressivement transformé en une forme d'expression artistique largement acceptée et même célébrée dans la société contemporaine. En effet, de nos jours, les tatouages ne sont plus seulement des motifs gravés dans la peau, mais des symboles de la personnalité, de l'histoire individuelle et de l'identité culturelle.
Ce phénomène peut être attribué à plusieurs facteurs, notamment à la popularisation des médias sociaux, qui ont permis de démocratiser l'accès à l'art du tatouage et de créer des communautés virtuelles où les passionnés peuvent partager leurs créations et leurs expériences. De plus, l'évolution des normes sociales a contribué à normaliser le tatouage en tant que forme d'expression personnelle légitime, au-delà des stéréotypes traditionnels associés à cette pratique.
Cependant, malgré cette acceptation croissante, les tatouages restent parfois sujets à des jugements et à des préjugés, notamment dans les milieux professionnels où ils sont souvent perçus comme des signes de rébellion ou de manque de professionnalisme. Cela soulève

des questions importantes sur la liberté d'expression individuelle et les normes sociales en matière d'apparence.

En fin de compte, le tatouage offre aux individus une toile vivante pour exprimer leur identité, leur créativité et leur histoire personnelle. Il incarne la diversité et la richesse de notre société moderne, tout en continuant à susciter des débats sur les limites de la liberté individuelle et les normes sociales.

## Entraînement au DALF C2

*Idées principales qui doivent apparaître dans le compte-rendu :*

– Format de l'émission : radio régionale, émission sur le thème du street art, interview de deux artistes (art de rue) en studio et auditeurs qui appellent l'émission. Dans cet extrait, il s'agit du maire de Lens. Les artistes : Kwes, graffeur et directeur d'une galerie d'art ; Guy-Louis Thérèse, qui se décrit plutôt comme quelqu'un dessinant dans les rues, plutôt qu'un artiste.

– Définition de l'art de rue et de ses diverses formes :
• tag : une simple signature, plutôt répétitive, qui signifie quelque chose pour celui qui l'inscrit ;
• graffiti : un travail plus poussé et détaillé des lettres, couleurs et formes ;
• street art ou art urbain : regroupe ces pratiques, ainsi que d'autres, qui peuvent avoir de multiples formes (collage, affichage, installation…) mais se pratique toujours dans la rue ;
• au départ, le mouvement, notamment du graffiti, naît dans la clandestinité, il est un mouvement de contestation, il est illégal ou non autorisé. Aujourd'hui, il est de plus en plus reconnu comme art, voire plébiscité par le monde de la culture et les communes ;
• les réalisations non autorisées sont généralement plutôt petites, alors que les réalisations autorisées, voire commandées, peuvent être des fresques de grand format, requérant un matériel complexe, et une spécialisation professionnelle.

– Il est généralement bien perçu par les habitants d'une ville, qui peuvent le trouver joli, intéressant, comme le raconte Guy-Louis Thérèse, qui reçoit de nombreux compliments ou retours positifs des passants qui le voient dessiner dans la rue. Il est également perçu comme étant ludique, à la fois pour les spectateurs et pour les personnes qui dessinent.

– Il est de plus en plus apprécié par les municipalités, ainsi que le montre bien le maire de Lens, qui organise toute une politique culturelle autour de l'art urbain dans sa ville : un parcours de pochoirs dans la ville médiévale, une exposition d'un artiste de rue au centre culturel, ainsi que des commandes d'œuvres sur le centre culturel, et encore un festival d'art de la rue, chaque année, donnant carte blanche dans la ville à une vingtaine d'artistes.

– Cela est considéré comme une mise en valeur de la ville : à la fois le regard des habitants change et la ville développe son rayonnement culturel.

– Pourtant, cette expression graphique dans la rue peut être considérée comme illégale, comme une dégradation de l'espace publique ou une pollution visuelle. Les villes possèdent des équipes dédiées au nettoyage des tags, graffitis. L'artiste coordonnant les projets d'arts urbains de la ville de Lens avait d'ailleurs été effacé par le service de nettoyage de la ville de Lens, qui ne connaissait pas son art et n'avait pas jugé son graffiti comme étant une œuvre d'art.

– La définition de la pollution visuelle et de la dégradation semble très subjective aux artistes invités, comme au maire de Lens : elle dépend d'une certaine culture, elle est décidé par des autorités, mais sans que la population ne soit consultée (comme pour l'affichage publicitaire, légal mais qui semble à l'artiste Kwes être une pollution visuelle), elle est coûteuse et repose sur des critères très subjectifs, selon l'artiste Guy-Louis Thérèse. Cependant, la pratique de l'effacement des œuvres ou de la tolérance de la pratique de l'expression artistique dans la rue est très relative aussi : par exemple, Guy-Louis Thérèse dessine sans demander la permission, et ne rencontre pas de problèmes. Les artistes eux-mêmes peuvent à la fois avoir une pratique professionnelle et reconnue, et une pratique clandestine et non autorisée.

– Si l'art de rue est de plus en plus reconnu et peut faire l'objet de commandes, l'artiste Kwes pense que des espaces d'expression libre doivent être mis à dispositions et que, tant que les personnes auront des messages à exprimer, cette expression graphique dans la rue sera toujours pratiquée.

# Unité 12

## Leçon 1

1. **a.** 5 – **b.** 1 – **c.** 4 – **d.** 2 – **e.** 3
2. **a.** comparaison – **b.** personnification – **c.** métaphore
3. *Exemples :* **a.** Elle m'a regardé avec ses yeux de cristal. La clarté et la limpidité de son regard m'ont pétrifié, la lumière s'y reflétait, brillait, me laissant fasciné. – **b.** Mon voisin, un vrai rat de bibliothèque, lit énormément. Chaque jour, il entre à la bibliothèque discrètement, il fouine dans les étagères, se cache entre les rayons, grignote une page d'un livre, une autre, se cache dans des volumes épais.
4. **a.** 1 – **b.** La barrière de la langue : la difficulté à communiquer en français. Les incompréhensions culturelles : la difficulté à comprendre le mode de vie des Français. Le mal du pays : le fait que son propre pays lui manque. – **c.** Le personnage se réveille avec une tête de chien, mais personne ne s'en rend compte. Cela parle des difficultés d'intégration dans la culture française : comme le chien imite l'homme, le personnage principal de ce roman graphique tente d'imiter les Français. – **d.** Le questionnement sur le fait de ne pas suivre les traditions du pays d'origine de l'auteure, et sur le retour en Corée, alors que l'expérience en France l'a fait changer. – **f.** De la difficulté du retour dans son pays d'une Coréenne ayant passé 10 ans en France.
5. **a.** Un programme scolaire visant à découvrir les rouages de la démocratie française. – **b.** La stigmatisation violente d'une maman d'élève par un élu régional, lors d'une visite, le 11 octobre 2019, du conseil régional de Bourgogne-Franche-Comté. La mère d'élève accompagnait la classe de son fils, elle était voilée, et l'élu a demandé violemment à ce qu'elle enlève son voile ou quitte les lieux. – **c.** Les mécanismes de pensées qui amènent à ce racisme, au fait que les émigrés tentent de perdre leur identité pour se fondre dans la culture française. Le spectacle questionne aussi l'identité de l'acteur-metteur en scène, issu d'une famille émigrée, les croyances dans la démocratie et la République, la montée de l'extrême-droite. – **d.** 1 – **e.** Il apprécie absolument ce spectacle, qu'il pense nécessaire. Il trouve que l'acteur joue très bien, n'exagère pas, amène les spectateurs à se questionner, à penser sans jugement, de manière tolérante, et à briser les idées reçues.
6. *Exprimer son opinion :* selon moi – à mon avis – en ce qui me concerne – pour ma part – d'après moi – je pense que – il me semble que
*Exprimer sa pensée :* je considère que – j'estime que – j'imagine que – je crois que – j'ai le sentiment que – j'ai l'impression que – il me semble que – si je suis tout à fait honnête – je constate que – je suis persuadé(e) que – j'admets que
*Adverbes pour affirmer son opinion :* certainement – évidemment – à l'évidence – sans aucun doute – sans conteste – incontestablement – assurément – manifestement
*Adverbes pour nuancer son opinion :* peut-être – tout au moins – du moins – vraisemblablement – sans doute – probablement
*Exprimer une contradiction, une nuance :* cependant – par contre – bien que – même si

## Leçon 2

1. **a.** 5 – **b.** 2 – **c.** 1 – **d.** 4 – **e.** 3
2. **a.** Tu es amoureux de ta copine / petite amie ? – **b.** Tu as rencontré où ton mec / copain ? – **c.** Il est vraiment ennuyant / embêtant ! – **d.** Tout est cher ici ! – **e.** Ce film est génial, c'est vraiment incroyable !
3. **Extrait 1 : a.** Des ados présentent un mot à la radio. Avant d'expliquer sa définition, ils réalisent un micro-trottoir pour interroger des personnes sur la signification de ce mot. – **b.** Il explique qu'il n'est pas de la même génération, et connaît seulement quelques expressions appartenant au vocabulaire des jeunes. – **c.** 1 et 2
**Extrait 2 : a.** 1 – **b.** se faire disputer, se faire patronner, se faire donner des ordres par ses parents, se faire réprimander – **c.** le père = le daron ; la mère = la daronne
4. **a.** Il permet à un groupe social de communiquer sans être compris par le reste de la société. Il permet aussi d'aborder d'une manière différente, moins gênante, certains sujets tabous ou complexes. – **b.** Il est officiellement documenté depuis le XVIIe siècle. – **c.** La littérature dans les années 50, puis la musique dans les années 70, 80 et 90. – **d.** Dans les communications professionnelles.
5. *Les articulateurs du discours :*
*Pour commencer :* premièrement – en premier lieu – tout d'abord
*Pour continuer :* deuxièmement – puis – mais encore – de surcroît

*Pour conclure :* finalement – en définitive – je terminerai en concluant que
*Exprimer sa pensée :* je considère que – j'estime que – j'imagine que – je crois que – j'ai le sentiment que – j'ai l'impression que – il me semble que – si je suis tout à fait honnête – je constate que – je suis persuadé(e) que – j'admets que
*Adverbes pour affirmer :* certainement – évidemment – à l'évidence – sans aucun doute – sans conteste – incontestablement – assurément – manifestement
*Adverbes pour nuancer :* peut-être – tout au moins – du moins – vraisemblablement – sans doute – probablement

## Leçon 3

1. **a.** 5 – **b.** 3 – **c.** 4 – **d.** 2 – **e.** 1
2. **a.** Monsieur de Clèves ne trouva pas que Mademoiselle de Chartres ait changé de sentiments en changeant de nom. – **b.** Je n'aurais jamais soupçonné cette haine, interrompit Madame de Clèves. – **c.** C'était un prince bien fait, beau, plein de feu et d'ambition, mais qui aurait fait aussi un prince d'une grande élévation. – **d.** Madame de Clèves avait d'abord été fâchée que Monsieur de Nemours ait eu lieu de croire qu'[il] l'avait empêchée d'aller [au bal] ; mais ensuite elle sentit quelque espèce de chagrin que sa mère lui en ait entièrement ôté l'opinion.
3. **a.** Les affiches publicitaires, les panneaux, les noms des boutiques et des restaurants, qui font preuve d'humour. – **b.** Elle décrit sérieusement et avec humour l'histoire de la Belgique, le système politique et administratif belge. – **c.** 3 – **d.** Le fait de refuser toute idée de grandeur, d'avoir un sens du ridicule, de se moquer de ceux qui essaye de se distinguer, en les ramenant dans le commun. – **e.** 1
4. **a.** 1. À plein tubes. 2. Être très soufflé(e). 3. Réussir un grand coup / frapper un grand coup. 4. Repasser un tuyau à quelqu'un. 5. Avoir quelque chose sous les yeux. 6. En mettre plein la vue à quelqu'un. – **b.** Dans l'avant-dernière image, le personnage (M. De Mesmaeker) a littéralement les contrats sous les yeux, car les contrats, sortant du tuyau cassé, arrivent directement, avec vitesse, dans son œil. Il s'en prend donc directement plein la vue, et à plein tubes. Il est également soufflé littéralement : sans doute par la surprise de cet événement imprévu, mais aussi par l'air comprimé propulsé sur lui. Gaston a donc littéralement réussi « un grand coup », puisque M. De Mesmaeker est littéralement frappé par les contrats (donc, il reçoit un coup).
5. *Exemple de réponse :* La série de bandes dessinées *Gaston Lagaffe*, de Franquin, sont pour moi une bande dessinée majeure, extrêmement drôle, un apogée de l'art comique, qui me permet, bien que je les ai relues de nombreuses fois, d'avoir des fous rires incontrôlés. Cette bande dessinée date des années 60-70, elle est publiée principalement entre 1960 et 1982.
Le style de Franquin est simple, et en même temps subtil et travaillé. Les gags reposent principalement sur des jeux de mots, qui allient les mots et l'image, renforçant ainsi l'effet comique d'un jeu de mot. En effet, il s'agit d'une bande dessinée, et le dessin comme le texte s'allient merveilleusement bien.
L'histoire est simple, il n'y a même pas vraiment d'histoire : un personnage, Gaston Lagaffe, apparaît dans les bureaux d'une maison d'édition qui publie des bandes dessinées et le journal de *Spirou*. Il ne sait pas vraiment pour quel emploi il est recruté, et il est très paresseux. La majorité de son temps, il le passe à dormir, ou à faire des expériences scientifiques amateures, à cuisiner, à traîner dans les bureaux. Principalement, il va faire des gaffes dans les bureaux, qui deviennent, au fur et à mesure des albums, récurrentes (par exemple, empêcher, sans le faire exprès, M. De Mesmaeker de signer les contrats). Il a aussi un chat et une mouette.
La beauté de cette situation et non-histoire se situe justement dans cette paresse : cette bande dessinée questionne la valeur du travail, ce qu'est le travail en lui-même, et aborde à travers le personnage de Gaston de nombreux thèmes sociaux, dans une critique douce, subtile, pleine d'autodérision (l'empathie, l'affection, l'écologie, la pollution, le rythme de travail, ce qui est essentiel dans la vie...).
Également, le fait que tout se déroule dans une maison d'édition est très drôle : on lit une bande dessinée parlant des conditions de production de cette même bande dessinée, puisque tout se passe au sein de la maison d'édition où *Gaston Lagaffe* est publié. Franquin joue alors beaucoup avec les codes de la bande dessinée, les références à la bande dessinée.
Je conseille à toute personne de le lire ! Plus on le lit, plus on rit, et plus on comprend les jeux de mots en français !

# TRANSCRIPTIONS

# UNITÉ 1

**Piste 1, leçon 1, exercice 4**
– L'affaire en cours du jour : comment les nouveaux médias peuvent-ils prendre part aux enjeux de la société contemporaine ? Nous prendrons, ce soir, le cas pratique de Konbini fondé en 2008. Ce média est le leader de l'information et du divertissement auprès des 15-34 ans en France. C'est plus de 30 millions de personnes qui voient, chaque mois, ces contenus digitaux. Marie Misset, bonsoir.
– Bonsoir.
– Vous êtes directrice de la rédaction pour Konbini. Quand on touche autant de jeunes chaque jour, est-ce qu'on a, selon vous, une responsabilité civique ?
– Je pense, à titre personnel, qu'on a d'autant plus une responsabilité civique que les populations un peu plus jeunes, là vous parlez des 15-34 ans, n'ont pas les mêmes pratiques médiatiques que leurs aînés. On ne consomme pas du tout les médias pareils qu'avant. C'est souvent via le biais des réseaux sociaux, quand même. Et puis, il y a beaucoup d'autres choses, mais il se passe un monde tout inconnu pour la plupart des gens sur Snapchat, par exemple, où les jeunes s'informent et sont d'ailleurs très intéressés par un nombre important de sujets de société. Donc, je pense que, en tant que Konbini, et surtout dans un monde où les influenceurs sont en train de prendre beaucoup d'importance et où c'est pas toujours évident de savoir qui fait de la publicité, qui fait de l'information, c'est un rôle qu'on a, oui, sur certains sujets qu'on trouve important, nous, et qui touche notre audience, de prendre un petit peu la parole en tant que média. Je pense que c'est effectivement important et je considère que oui, c'est presque un devoir civique. Et d'ailleurs, au moment des élections, on a appelé les jeunes, au moins à aller s'inscrire sur les listes électorales, aller vérifier qu'ils étaient sur les bonnes et aller voter.
– Parce que peut-être pour les auditeurs qui connaîtraient moins votre média vous pouvez résumer, pitcher en quelques mots : c'est quoi Konbini ? Où est-ce qu'on le regarde ? Et ce qu'on y trouve ?
– Alors, on peut regarder sur le site. Il y a un site internet konbini. Il y a, d'ailleurs, une trentaine d'articles par jour qui sont diffusés. Et puis, c'est plus de 2 milliards de vues par an donc c'est, on sort, je sais pas, une centaine de vidéos par mois qui vont de la pastille très courte où on peut raconter quelque chose sur la pop culture à, parfois, des formats plus longs. Là, dernièrement, on a sorti un grand reportage en immersion dans une salle de shoot à Paris à Lariboisière. Et à côté de ça, on a des formats un peu phares, comme le vidéoclub qui invite des grands cinéastes, des grands scénaristes, à partager leurs goûts préférés, en termes de films, dans un des derniers vidéoclubs de Paris, qui se trouve avenue Parmentier, je crois.

« Konbini : les nouveaux médias prennent leurs responsabilités », *Affaire en cours* de Marie Sorbier, France Culture, 14/06/2022

**Piste 2, leçon 2, exercice 4**
– Le vrai du faux. Bonjour Mathilde Bouquerel !
– Bonjour !
– Et ce matin, nous parlons de la fortune de Bernard Arnault.
– Oui, parce que Cécile Duflot, la directrice générale de l'association Oxfam France, nous propose de faire un petit calcul pour se rendre compte de l'ampleur de la fortune du milliardaire. Elle prend l'exemple d'une personne de 50 ans qui a énormément de chance. Si vous aviez gagné au loto, depuis le jour de votre naissance, 2 millions d'euros par jour. Eh ben, vous auriez même pas un quart de la fortune de Bernard Arnault en ayant gagné 2 millions d'euros par jour depuis 50 ans.
– C'est vrai ça, Mathilde ?
– Oui, alors, prenons notre calculette, Camille, on multiplie la somme du loto 2 millions d'euros par le nombre de jours dans une année 365. Jusque-là vous me suivez ? On multiplie encore tout ça, par le nombre d'années dans la vie de notre heureux gagnant 50, ça nous donne 36 milliards 500 millions d'euros.
– Et ça fait vraiment moins d'un quart de la fortune de Bernard Arnault ?
– C'est même beaucoup moins qu'un quart. Oxfam estime la fortune du milliardaire à 179 milliards d'euros. Si on prend le quart de cette somme, c'est un peu moins de 45 milliards d'euros. Notre chanceux quinquagénaire en est encore loin. Et ce n'est pas tout, parce que l'estimation d'Oxfam date un peu. Nous avons regardé sur le site internet du magazine américain *Forbes*, hier après-midi, et d'après lui, Bernard Arnault possède actuellement l'équivalent de 194 milliards d'euros.
– Et comment se compose sa fortune ?
– Eh bien, vous en doutez, Bernard Arnault n'a pas 194 milliards d'euros sur son compte en banque. Il est en fait à la tête d'un empire financier, le groupe LVMH, qui compte plus de 75 marques dans le luxe et la mode dont Louis Vuitton, Guerlain ou

Sephora. Et sa fortune, ce sont surtout les actions qu'il possède dans ce groupe. Or, il y a quelques jours, la valeur boursière de LVMH a dépassé les 400 milliards d'euros. C'est la première fois qu'une entreprise européenne dépasse ce seuil.
– Mathilde Bouquerel, le vrai du faux sur France Info.

> « Le vrai du faux. Un quinquagénaire qui aurait gagné au Loto tous les jours de sa vie ne possèderait-il qu'un quart de la fortune de Bernard Arnault, comme l'affirme Cécile Duflot ? », Mathilde bouquerel, *Le vrai ou faux*, France Info, 19/01/2023

## Piste 3, leçon 3, exercice 4

– Dire sur un média d'actualité comme RFI qu'on se retrouve souvent face à un trop plein d'informations dans le monde actuel, peut paraître cocasse. Et pourtant, je m'y risque. Car moi aussi parfois, je sature. Salut ! C'est Steven Jambot, vous écoutez l'atelier des médias pendant 20 minutes à la radio et un peu plus, si vous faites le choix de m'écouter en podcast. Je vous propose un entretien avec l'auteur d'un ouvrage sur le chaos informationnel et la façon dont nous pouvons y faire face. Il est écrit par un journaliste et entrepreneur. Il n'a pas fait d'école de journalisme mais il a toujours eu des idées et il a lancé une kyrielle de médias loués, décriés ou jalousés, c'est selon, comme le Post, le Plus de l'Obs ou encore le Lab d'Europe 1. Dans son livre, il écrit noir sur blanc : on s'informe mal comme on s'alimente mal. Bonjour Benoît Raphaël !
– Bonjour !
– *Information : l'indigestion*, c'est un livre qui vient de paraître aux éditions Eyrolles. Il est sous-titré : *manuel pour penser par soi-même dans le chaos de l'info*. Le point de départ de ce livre et son fil rouge d'ailleurs, c'est la fatigue, ta fatigue.
– Oui, c'est la fatigue informationnelle mais c'est une fatigue qui est générale. La fatigue, on peut toujours poser la question de quand elle date. On a l'impression d'être de plus en plus fatigué, dans notre époque et à chaque fois, on se dit, on est encore plus fatigué qu'avant et finalement, on pourrait penser que depuis l'Antiquité en fait, on est de plus en plus fatigué. En fait, c'est plutôt le rapport à la fatigue, en fait, qui change et aujourd'hui, effectivement, on est dans un monde où on est extrêmement sollicité où nous-même, nous sollicitons beaucoup les réseaux sociaux. On reçoit beaucoup d'informations mais c'est pas tant le trop d'informations. C'est vrai que tu disais pour un média, c'est difficile de se..., ça pourrait paraître contradictoire de dire : on s'informe trop. En fait, on s'informe pas trop, on s'informe mal. C'est-à-dire qu'il y a beaucoup d'informations surabondantes, beaucoup d'informations qui sont les mêmes souvent, qui sont donc redondantes, et les sollicitations sur les réseaux sociaux. On a, en gros, pour te donner une idée, on a gagné 17 années de temps libre grâce à la technologie notamment depuis le XIX$^e$ siècle donc ça fait à peu près cinq à six heures par jour qu'on utilise pour faire quoi ? En fait, on les passe sur nos écrans à être sollicités en permanence et ça, ça nous fatigue. Et c'est un problème, parce que dans un monde qui s'accélère, on a besoin de toutes nos fonctions cognitives et la fatigue nous fait faire des erreurs, nous fait aussi croire aux fausses informations. Donc, je pense qu'il y a un enjeu presque de santé publique aujourd'hui concernant l'information.
– Ce qui est intéressant, c'est que tu en fais même un rapprochement avec, bien justement, la dimension alimentaire et tu fais le rapprochement entre quelqu'un qui mangerait des pizzas et d'autres choses beaucoup mieux pour la santé.
– Oui, parce qu'on peut être producteur d'informations, quand on est un média par exemple, on vous dit oui, je ne vais pas dire aux gens : ne vous informez pas beaucoup. On a tendance à produire beaucoup d'informations pour que les gens soient mieux informés. Et pourtant, dans les publicités pour l'alimentation, on voit bien, on fait la pub, on conseille aux gens de manger nos pizzas, notre bouteille de coca ou de boire du vin bio mais on dit toujours, effectivement, manger des légumes, cinq légumes et cinq fruits par jour et bouger. Bah, c'est la même chose. Chaque média devrait dire consommer de l'info mais pensez aussi à faire autre chose, à vous reposer, à vous déconnecter au site de temps en temps. Parce qu'écouter les infos tous les matins, et sans offense à RFI, c'est hyper déprimant. Est-ce qu'il faut l'écouter le matin ? Ou est-ce qu'il faut l'écouter le soir ? Ou est-ce qu'en tout cas se réserver des temps pour pouvoir aussi décompresser ?

> « Face au chaos de l'info, un journaliste propose un atypique guide de développement personnel », Steve Jambot, *L'atelier des médias*, RFI, 29/04/2023

## Piste 4, entraînement au DALF C1, exercice 2

– Cyril, l'édito consacré aujourd'hui à nos journées portes ouvertes sur l'info, l'info qui fatigue les Français.
– Plus d'un Français sur deux dit qu'il éprouve ce qu'on appelle désormais de la fatigue informationnelle. Pour la faire simple, les gens saturent de l'actualité. Le baromètre annuel du journal *La Croix*, publié ce matin, donne trois raisons

à ce sentiment de trop-plein. La première, c'est que les médias parlent toujours des mêmes sujets. [...]
– Plus généralement, le fossé se creuse entre les Français et les médias de manière générale.
– Plus d'un Français sur deux dit qu'il faut se méfier de ce que disent les médias sur les grands sujets d'actualité. Et ça ne va pas en s'arrangeant. Le nombre de ceux qui nous font confiance baisse et celui de ceux qui ne nous croient pas augmente. Pour celles et ceux qui y croient encore, les *believers*, dans l'ordre, les gens font confiance aux journaux télévisés, médias de masse par excellence, à la presse régionale, médias de proximité, les journaux à la radio, médias de l'intime, du rendez-vous et la presse écrite nationale, le média historique. Un équilibre qui ne bouge pas tellement au fil des ans.
– Mais ce en qui les gens ont le plus confiance, vous ne les avez pas cités Cyril.
– En termes de confiance, ce qui arrive tout en haut de la liste, ce sont... vos proches. 71 % des Français disent faire confiance à leurs proches pour s'informer, plus donc qu'à n'importe quel autre média. Ce n'est pas nouveau, on fait confiance à notre entourage pour savoir ce qui se passe. Sauf que la notion de proche s'élargit désormais. Nos proches, c'est notre famille, nos copains, nos boulots. Et puis ce sont aussi les copains qu'on s'offrait dans le monde virtuel. [...] Et c'est là que le truc commence à dérailler.
– Et pourquoi ça ?
– Eh bien parce qu'à l'heure de la désinformation de masse, on ne peut plus considérer nos proches comme des sources d'informations fiables. Tout simplement parce que les *fake news* sont partout et que personne n'y est imperméable. Je ne vous dis pas qu'il faut se méfier de tout le monde tout le temps, juste de faire gaffe, de vous renseigner un poil plus qu'avec un simple lien sur Internet. Combien d'entre nous se sont retrouvés à partager un truc drôle, choquant, étonnant, sans avoir vérifié d'où ça venait, qui était concerné et si on faisait bien de participer à cette grande chaîne de partage ? Chacun, à notre échelle, on participe à donner le goût du vrai à une *fake news*. [...] Être bien informé, c'est aussi la responsabilité de chacun.

« Les Français gavés d'infos », Cyril Lacarrière, *L'édito média*, France Inter, 22/11/2023

**Piste 5, entraînement au DALF C1, exercice 3**
– Avec Cyril Lacarrière, bonjour ! Comment les médias peuvent se faire une place dans notre boucle WhatsApp ?
– Bonjour ! Bonne question ! [...] L'autre jour, j'ai dit à notre productrice de m'ajouter à une boucle de la matinale. Sa réponse : « Oui, mais laquelle ? On doit en avoir dix ! Emoji tout rouge, emoji les yeux qui brillent. » Vous avez compris l'idée, des boucles WhatsApp, on en a beaucoup ! Et pourtant, quitte à saturer l'espace, c'est là que les médias se cherchent une place... Ils font bien car ça commence à prendre ! Si on additionne les abonnés aux fils WhatsApp de tous les médias français, on arrive à plus de sept millions et demi de personnes.
– Quelle utilité pour ces médias ?
– Eh bien, à se faire une place dans la vie des gens. WhatsApp, c'est pour la famille, les amis et le boulot : c'est donc une application qu'on réserve à notre usage perso, pas un espace public. S'abonner à un média sur WhatsApp, c'est plus important que de le suivre sur Facebook ou sur X : on s'investit plus, on donne volontairement même notre numéro de téléphone. À l'heure des réseaux sociaux, on parle beaucoup de la notion d'engagement : il faut provoquer de « l'engagement » ! Eh bien là, on y est... l'utilisateur s'est engagé !
– Et pour celui qui s'abonne, quelle utilité ?
– Eh bien, recevoir des infos qui l'intéressent, sans avoir besoin de la chercher ni de la trier. C'est efficace, utile et informatif... tout le contraire de certains réseaux sociaux aujourd'hui ! Ce n'est d'ailleurs pas un hasard si cette pratique s'est développée lors de la crise sanitaire : les gens étaient en quête d'infos fiables.
– Et quels sont les médias les plus suivis alors aujourd'hui ?
– France 24 et RFI ! Plus de 4 millions d'abonnés à eux deux ! C'est logique. Ce sont deux médias qui correspondent exactement à un usage de WhatsApp : envoyer des contenus à des personnes qui habitent dans des zones où l'offre d'info ne leur suffit pas... Ça marche même si bien que WhatsApp est devenue la première source de trafic pour les contenus français de France 24 ! [...]
– Et pour conclure, Cyril, pourquoi les médias ont donc intérêt à se mettre à WhatsApp ?
– Eh bien parce que c'est une relation de confiance qui se joue là : parce que si les médias se rendent utiles à leurs abonnés, on peut espérer qu'ils leur restent fidèles. En plus, sur WhatsApp, la marque ne se dilue pas, elle s'affiche chaque fois qu'on reçoit un message ! Donc il faut y être... et vite ! Car dès qu'on aura trop de boucles, on deviendra réticent à en ajouter de nouvelles ! WhatsApp, ce n'est pas un canal de conquête d'abonnés mais un canal de fidélisation. À l'heure où les gens s'éloignent des médias, c'est tout sauf un détail !

« WhatsApp, la bonne opportunité des médias », Cyril Lacarrière, *L'édito média*, France Inter, 19/12/2023

# UNITÉ 2

### Piste 6, leçon 1, exercice 4
– Aujourd'hui, vous nous parlez d'affaires de famille.
– D'affaires de famille publique. Celles qui choisissent délibérément d'afficher leur vie sur les réseaux sociaux et par la même occasion celle de leurs enfants, mineurs, bébés qui deviennent des influenceurs, sans même le savoir.
– *Salut les compagnons ! Bienvenue dans cette nouvelle vidéo !*
– Là, vous entendez l'un des enfants de la famille Coste qui présente une vidéo, une famille de youtubeurs française dont la chaîne YouTube compte plus de 200 000 abonnés. Eux, c'est la famille Road Trip qui a emmené ses enfants vivre le rêve américain. Il y a aussi Caroline ou Lorylin qui comptent chacune plus d'un million d'abonnés et j'en passe… Alors, tous sont ce qu'on appelle des influenceurs famille. Ils ont choisi de partager leur quotidien avec leurs enfants, d'ouvrir les portes de leur maison, de montrer les premiers biberons et les nuits pas faciles, tout en partageant leurs conseils et leurs angoisses. Et ça cartonne tellement que leurs chaînes génèrent des revenus notamment grâce à des partenariats publicitaires. Et puis, il y a aussi les chaînes juste focalisées sur les enfants comme Swan et Néo. Alors, eux, ils comptent six millions d'abonnés sur YouTube. Ils ont 16 et 10 ans. Ça fait sept ans qu'ils sont exposés sur Internet. Ils font surtout des déballages de jouets et des challenges pour enfants comme se déguiser. Alors ces pratiques, qui ont souvent été dénoncées par les associations qui disent que ce genre de vidéo est en fait du travail caché voire du travail forcé et qu'il fallait légiférer. Ce qui a été entendu puisqu'une loi a été votée en France, il y a deux ans, pour encadrer les droits de ses enfants influenceurs malgré eux. Leurs parents doivent maintenant demander une autorisation et sont obligés de leur reverser de l'argent.
– Et ça encore, c'est la phase émergée de l'iceberg malheureusement.
– Oui, car, depuis quelque temps, on parle beaucoup de la santé mentale de ces enfants exposés malgré eux sans demande de consentement car ils sont trop jeunes. Mais ces enfants, évidemment, ils grandissent. Ce ne sont plus des petits incapables de donner leur avis qui suivent leurs parents. Et ce qui s'est passé pour eux sans qu'ils le demandent peut avoir de lourdes conséquences.

« Les enfants influenceurs : le phénomène qui ne faiblit pas », Manon Mariani, *Veille sanitaire*, France Inter, 02/11/2022

### Piste 7, leçon 2, exercice 3
– La mode est le principal pôle de dépense du Black Friday. C'est aussi un secteur régulièrement dénoncé pour son empreinte environnementale. Alors, depuis le 7 novembre, le gouvernement a décidé d'étendre, au secteur de l'habillement, le bonus réparation pour qu'un vêtement abîmé ne soit plus immédiatement jeté. Est-ce que vous pouvez nous expliquer ce qui est prévu ? J'ai un trou à mon jean, qu'est-ce que je fais ?
– Alors, si vous avez un trou à votre jean, vous pouvez le faire réparer. Alors, il y a une autre solution aussi, c'est d'apprendre et de savoir le réparer soi-même, mais ça, c'est un autre sujet. Mais vous pouvez aller le faire réparer et pour profiter de ce bonus réparation, donc qui était au départ un bonus plutôt, qui était spécialisé sur les appareils électroniques et les appareils électroménagers, voilà qu'il s'étend aux textiles. Il vous faut trouver un réparateur, une boutique de réparation, de raccommodage, par exemple, qui saura faire cette opération et vous aurez le droit, alors pour précisément, c'est très précis, il y a plusieurs types d'opérations. Pour le rapiècement d'un trou, d'un accroc ou d'une déchirure sur vos vêtements, vous avez le droit à 7 € de réparation à partir du moment où la réparation coûte plus de 12 € donc ça ne vous coûtera que 5 €. Mais alors évidemment, ce qui pêche, excusez-moi, c'est de trouver la boutique de réparation qui est agréée par l'État par le label QualiRépar.
– Je ne m'explique pas vraiment comment le gouvernement espère convaincre les consommateurs de faire réparer un objet qui coûte peu cher. Parce que, selon une étude Kantar, en 2019, les Français dépensent en moyenne 27 € pour l'achat d'un pantalon. Est-ce que vous ne pensez pas que l'obstacle économique est majeur et ce n'est pas que réparer coûte trop cher mais plutôt que ça ne vaut pas le coup, Jérôme Denis ?
– Oui, ça, c'est vraiment une question fondamentale et c'est là, que c'est à partir de cette question-là, qu'on mesure l'ampleur du problème et notamment du côté du textile. C'est que, effectivement, il y a un problème de base, qui est le prix du neuf qui est complètement, qui déréalise complètement, ce que c'est que véritablement de produire un vêtement, qui pourrait être un vêtement de qualité. Surtout qu'il y a une espèce de cercle vicieux qui consiste à vendre peu cher des vêtements de très mauvaise qualité donc difficilement réparables. Donc y a ça, c'est vraiment un cercle vicieux, pas simple à décortiquer. Mais disons que ce premier geste, qui est un geste,

en fait, qui est aussi quelque chose qui est lié à un projet européen qui consiste à aider les consommateurs et à essayer un tout petit peu de faire pencher la balance du côté de : ça coûte moins cher de réparer que d'acheter. Mais c'est sur les vêtements que c'est le plus difficile à mettre en place parce qu'effectivement, aujourd'hui, avec ce qu'on appelle la *fast-fashion* qui s'est accélérée encore ces dernières années, il y a des vêtements qui ne coûtent absolument plus rien. Et disons que, sur un jean de 27 € si ça devient intéressant, parce que pour seulement 5 €, vous le faites réparer, on peut dire qu'en tout cas sur la question simplement de la valeur économique, ça peut commencer à faire un petit déplacement. Mais enfin, ce n'est vraiment pas gagné, ça ne suffit largement pas.

« Face à la surconsommation, une seule solution, la réparation ? », Marguerite Catton, *La question du jour*, France Culture, 24/11/2023

**Piste 8, leçon 3, exercice 3**
– C'est d'ailleurs le projet de l'architecte Émile Fanjat qui est choisi. Mais c'est un projet qui n'a absolument rien à voir avec ce qui se fait à l'époque. C'est presque une utopie architecturale son projet.
– Alors rien à voir avec Besançon, effectivement, en tout cas. Alors Émile Fanjat, lui, il est originaire de Paris mais il a beaucoup travaillé à Reims parce qu'il y avait, après la Première Guerre mondiale, le besoin de reconstruire complètement la ville et il est dans une ville, où justement, il va y avoir beaucoup de cités-jardins qui vont être construites. Donc, il a pas mal d'exemples sous les yeux. Mais la sienne, elle est assez originale à cause de la forme de la cité-jardin qui adopte la forme d'une boucle et souvent, on dit que, ça, c'est un peu à l'image de celle du Doubs. C'est la boucle dans la boucle, exactement. Ça fait deux boucles à Besançon. Alors je ne sais pas si c'est ça ou pas, il ne s'en est pas expliqué lui-même mais il y a un peu cette forme très, vous voyez, très fluide, qui fait un peu penser aux cités-jardins anglaises. Sachant que, voilà, l'idée de cité-jardin, c'est quelque chose qui venait d'Angleterre. L'idée de faire une ville un peu périphérique à la ville avec tous les services dont on a besoin : écoles, commerces, et cetera, des jardins.
– L'idée, c'est qu'il y ait tout et c'est surtout centré autour d'un grand jardin, ce qui n'est pas banal pour l'époque.
– Voilà, d'une grande esplanade, qui est censée être, voilà, une esplanade publique avec l'école et puis les commerces. Et, oui, oui, à Besançon de toute façon ça va être la première fois, il n'y aura que deux cités-jardins donc ça va rester une expérience assez unique en son genre.

« La cité-jardin Jean Jaurès, une utopie à Besançon », Arnaud Fromage, *L'invité du patrimoine*, France Bleu Besançon, 02/10/2023

# UNITÉ 3

**Piste 9, leçon 1, exercice 4**
– *Le Billet politique*, Jean Leymarie, sur les réseaux sociaux. Faut-il en finir avec l'anonymat ?
– Je vous ai cherché Guillaume et je vous ai trouvé sur les réseaux sociaux. Vous ne vous appelez pas Lulu 52 ou petit chaton ?
– Non, ça, c'est Mydia Portis-Guérin.
– Notre réalisatrice. Ça y est, elle est dévoilée. Non, vous êtes, vous, sur les réseaux sociaux tout simplement vous même : Guillaume Erner, pas de pseudonyme encore moins d'anonymat. Faut-il supprimer cet anonymat sur les réseaux sociaux pour ceux qui veulent l'utiliser ? Autrement dit, obliger les utilisateurs à déclarer leur identité quand ils s'inscrivent. Un député de la majorité le propose, il s'appelle Paul Midy. D'après lui, ce serait un bon moyen de lutter contre le sentiment d'impunité, contre les injures, contre le harcèlement. Avant de prendre la parole sur les réseaux sociaux, il faudrait d'abord prouver son identité, son identité numérique. L'idée paraît simple, Guillaume, elle est très controversée, elle divise l'Assemblée. Près de 200 députés de la majorité la soutiennent mais l'opposition est vent debout. Le projet de loi pour sécuriser l'espace numérique, c'est son nom, arrive en séance et je peux vous dire que le débat va être houleux. Pour Paul Midy, pour ce député, pas question d'interdire les pseudonymes. Le député préfère une image, la plaque d'immatriculation d'une voiture. Quand vous croisez un automobiliste, vous ne connaissez pas son nom mais si ce conducteur commet une infraction avec sa plaque d'immatriculation, la police peut l'identifier rapidement. Avec l'identité numérique, ce serait pareil. Cette comparaison a-t-elle un sens ? Un autre député de la majorité, Éric Bothorel, spécialiste du numérique n'est pas du tout d'accord. Que dit-il ? On n'est pas des bagnoles.
– Bon, c'est beaucoup plus qu'un débat technique ?
– Oui, c'est pas seulement un débat de bagnole, Guillaume, c'est vraiment un débat politique. Il oppose deux conceptions de la liberté et aussi deux conceptions d'Internet. Depuis quelques mois, Emmanuel Macron plaide pour un ordre

public numérique. Pour le chef de l'État, dans une société démocratique, je le cite, il ne devrait pas y avoir d'anonymat. Le député Paul Midy reprend exactement cette idée. Face à lui dans l'hémicycle, il aura pourtant une grande partie de l'opposition : le Rassemblement national, la France insoumise, le Parti socialiste et des députés de tous bords qui s'inquiètent pour les libertés publiques. Ils redoutent que l'État mette Internet sous contrôle. Sur les bancs de l'Assemblée, évidemment, tout le monde veut lutter contre le harcèlement, tout le monde réclame des procédures plus efficaces qu'aujourd'hui pour lutter contre la haine en ligne. Mais pour beaucoup de députés, le remède ici serait pire que le mal. Avec ce système, est-ce qu'un lanceur d'alerte, par exemple, serait aussi bien protégé ? L'ombre de Big Brother plane sur ce débat. Personne ne veut imaginer comment une dictature utiliserait un contrôle des réseaux sociaux.

« Réseaux sociaux : faut-il en finir avec l'anonymat ? », Jean Leymarie, *Le Billet politique*, France Culture, 04/10/2023

### Piste 10, leçon 2, exercice 3
– Dans *Le monde est à nous*, Isabelle Labeyrie : l'Union européenne, qui donc s'intéresse à la souffrance animale. La Cour des comptes suggère même de l'intégrer dans le prix de la viande.
– Oui, pour l'instant, ce n'est qu'une piste de réflexion mais les législateurs européens vont lire, avec attention, ce rapport consacré aux transports des animaux d'élevage qui a été publié en début de semaine. Cet automne, ils vont, en effet, rafraîchir, réviser toute la réglementation en matière de bien-être animal qui date d'il y a quasiment 20 ans.
– Quel est le constat aujourd'hui ?
– Alors, le constat, c'est que pour nous nourrir, 1,6 milliard d'animaux, essentiellement des volailles et des porcs, sont transportés, chaque année, entre l'Union européenne et les pays tiers et que ces déplacements répondent, d'abord, à une logique de rentabilité, d'économies d'échelle. C'est comme ça, par exemple, que la France exporte ses veaux laitiers vers l'Espagne où ils sont engraissés, avant qu'un certain nombre d'entre eux prennent la mer pour être abattus en Turquie, en Israël ou en Libye. Les animaux sont toujours plus nombreux à être transportés sur des distances toujours plus longues, ce qui entraîne du stress et de la souffrance.
– Bon, et qu'est-ce qu'on fait pour que ça change ?
– Alors, la Cour des comptes européenne recommande d'éviter les trajets de plus de huit heures, d'avoir recours à des abattoirs de proximité et de favoriser le transport de la viande plutôt que des animaux vivants. Alors qu'aujourd'hui, il est souvent plus rentable de les transporter vivants. La question de leur bien-être, en fait, a été prise en compte dans les élevages. Elle ne l'est pas du tout dans le transport. Une autre solution serait, en effet, d'attribuer une valeur monétaire à cette souffrance pendant le transport, de l'intégrer dans le coût du transport et, in fine, dans le prix de la viande.
– Est-ce que c'est réaliste ?
– Alors, pour l'instant, ça reste un concept. La méthode de tarification de la souffrance animale reste à définir mais la suédoise Eva Lindström, auditrice de la Cour, est absolument convaincue. Elle rappelle d'ailleurs que les consommateurs sont déjà prêts à payer plus cher s'ils sont mieux informés des conditions d'élevage. C'est ce qu'ont montré plusieurs enquêtes de la Commission européenne. Aujourd'hui, la seule réglementation dans ce domaine concerne les œufs. Vous savez sur la coquille, vous avez un code pour savoir si la poule a été élevée en cage, au sol, en plein air ou en bio. Eh bien, pour la viande, il faudrait aussi savoir comment elle a été transportée jusqu'à l'abattoir. Bon, on en est loin car à ce stade, il n'y a toujours pas de consensus entre États.
– Le monde est à nous, Isabelle Labeyrie sur France Info.

« La Cour des comptes européenne propose d'intégrer le coût de la souffrance animale dans le prix de la viande », Isabelle Labeyrie, *Le monde est à nous*, France Info, 19/04/2023

### Piste 11, leçon 3, exercice 4
– *Faire famille, une philosophie des liens*, c'est le titre de cet essai absolument passionnant qui vient de paraître, où Sophie Galabru se demande, donc, comment fonctionne, comment se fabrique aussi ce groupe, cette communauté. Comment une famille s'organise au prix, parfois, du sacrifice de certains de ses membres ? Comment créer ou recréer du lien au sein de sa famille ? Comment inventer où réinventer l'idée même de famille aussi ? Alors à partir de la philosophie, de la sociologie mais aussi du cinéma et de la littérature, Sophie Galabru décortique, avec malice, toutes les facettes des liens familiaux et vous commencez, effectivement, par la démystifier, la famille. Vous dites que la famille, ce n'est pas naturel, ce n'est pas inné. Il faut quand même nous expliquer précisément.
– Oui, parce que je pars plutôt d'un écart qui existe entre la famille de rêve et la famille vécue ou la famille promise et celle qu'on vit vraiment. Et il y

a un écart qui peut susciter des frustrations, des déceptions. En tout cas, moi, ça a été mon cas et je pense que c'est surtout lié au fait qu'on mystifie beaucoup l'idée de famille. C'est-à-dire qu'on lui demande d'assurer parfois des missions ou de remplir des idées, les images qu'elle ne peut pas remplir. C'est-à-dire, par exemple, l'idée que la famille devrait être un centre où nous sommes tous unis, en union et on confond union avec uniformité, c'est-à-dire qu'on ne supporte pas que les individualités puissent exister et donc le commun doit prendre le pas sur tout, ce qui peut créer des frictions, des incompréhensions, des tristesses.
– Mais c'est vrai qu'il y a toujours cette idée que faire famille, c'est faire bloc, c'est être ensemble, c'est être uni alors qu'on sait tous et toutes que c'est rarement le cas en réalité.
– Surtout, au XX$^e$ siècle, la famille, c'est devenu un lieu où des individualités doivent s'articuler entre elles, coexister, cohabiter ensemble ce qui est un exercice extrêmement difficile et qui ont des aspirations qui ne sont pas forcément celles du commun, du projet parental. On ne s'identifie pas forcément à ses parents ou à ses ancêtres. On peut être en dissidence avec eux.
– Ça veut dire que le lien du sang, ça ne suffit pas en fait ?
– Non, je ne crois pas. C'est-à-dire que le lien du sang, bon ça peut, c'est toujours un support qui suscite encore beaucoup de fantasmes et d'adoration parce qu'on a l'impression que par le sang circule la ressemblance, l'appartenance, l'appariement. Mais, en réalité, faire famille suppose aussi des actes très concrets de responsabilités, de soins, d'instruction, de partage, de valeurs, de désirs et puis de conversations aussi même si on n'est pas toujours en accord. Et donc, on ne sait pas offrir cela, et c'est un travail permanent, je pense que le lien ne peut pas se faire ou ne durera pas.

« Démystifier la famille », Sophie Galabru et Augustin Trappenard, *La grande librairie*, France Télévisions, 02/11/2023

**Piste 12, entraînement au DALF C1, exercice 1**
– Vendredi 7 janvier. Aujourd'hui, je me penche sur cette génération qui veut travailler moins pour vivre mieux.
– *Mes parents, c'était toujours du six jours sur sept à fond. Ben moi, je veux quand même profiter, avoir une qualité de vie à côté, quoi, quitte à gagner moins.*
– Et si le « métro, boulot, dodo » n'était pas le seul modèle ? Je vous emmène à la rencontre de ces jeunes Français qui revendiquent un autre rapport au travail. […]
– Travailler moins, c'est donc pour certains un choix. Pour d'autres, c'est carrément un programme. Le rêve d'une société qui se fonderait sur autre chose que le travail. Bonjour Céline Marty.
– Bonjour Céline.
– Vous êtes professeure agrégée de philosophie, vous parlez aussi de philo sur YouTube puisque vous avez une chaîne qui s'appelle Méta, c'est bien ça ? Et vous avez aussi signé un ouvrage qui s'appelle *Travailler moins pour vivre mieux*. Alors moi, quand j'ai lu ce titre, je me suis dit qu'il fallait peut-être que j'arrête de demander aux gens ce qu'ils font dans la vie quand je les rencontre pour la première fois. Est-ce que c'est ça que vous vous dites tout d'abord, que le travail a une place trop importante dans notre vie ?
– Oui, tout à fait. Aujourd'hui, notamment en France, on a l'habitude de se définir dans notre identité par notre travail. On identifie les autres aussi par leur travail. On place beaucoup d'attentes dans l'activité professionnelle rémunérée. On investit beaucoup de valeur dans cette activité. Et en fait, ça pose un problème aujourd'hui, dans le cadre des reconfigurations du marché du travail, où tout le monde ne trouve pas un emploi stable, tout le monde ne trouve pas un emploi qu'il juge épanouissant, dans lequel il se reconnaît. Et donc, il y a une sorte d'inadéquation entre toute notre idéologie, qui valorise énormément le travail, et la réalité actuelle du marché du travail.
– Mais est-ce que ça c'est propre à notre époque, ou est-ce que c'est un problème plus général, plus philosophique ?
– Alors on trouve des manifestations de cette crise de l'idéologie travail à différentes périodes de l'histoire, notamment autour de Mai 68 par exemple, qui revendiquait de ne pas perdre sa vie à la gagner. Et aujourd'hui, on ressent peut-être à nouveau cette critique, je dirais pour plusieurs raisons. D'une part, la crise écologique nous fait prendre conscience qu'on ne peut plus se permettre de travailler plus pour gagner plus, de produire plus pour consommer plus, que ces valeurs sont inadéquates avec l'état de notre planète, l'état de notre consommation des ressources. Et donc je pense que la crise écologique nous fait prendre conscience que ce modèle qu'on nous a vanté pendant deux siècles en fait – c'est assez court –, cet âge du productivisme, en fait, que ces valeurs sont inadéquates aujourd'hui. D'autre part, l'autre prise de conscience, elle est due au phénomène des *bullshit jobs*, dont parle l'anthropologue David Graeber, à savoir la prise de conscience que certains métiers, en fait, sont jugés

inutiles par ceux mêmes qui font ces métiers-là, et qui ont l'impression qu'ils pourraient très bien ne pas faire ces tâches-là, et que la société s'en porterait tout aussi bien. Et d'autre part, le dernier facteur je dirais, c'est le confinement et la crise sanitaire, qui a amené une sorte de crise existentielle pour certains, qui en même temps se posaient des questions sur leur vie, sur leur activité professionnelle, sur les activités auxquelles ils consacrent du temps, les activités auxquelles ils aimeraient consacrer plus de temps. Et donc, tous ces facteurs font qu'aujourd'hui, le travail amène à se questionner, et, ce qui est dommage peut-être, c'est que dans le débat public, dans les médias, on n'en parle peut-être pas assez, alors que les gens ont envie d'en parler. [...]
– Et est-ce que ça veut dire qu'on peut faire, de façon individuelle, un autre choix, et que c'est possible de bien vivre en travaillant moins dans la société dans laquelle on vit ? Ou que c'est forcément une grande révolution que de questionner la place du travail ?
– Quand on fait le choix au quotidien de travailler moins, de réduire ses besoins de consommation aussi, soit ça peut être un choix individuel, mais souvent, ces personnes qui font ce choix-là aussi ont un côté militant, de montrer que ce mode de vie est possible, et qu'il est souhaitable aussi, parce qu'on est moins dominé par des impératifs de productivité, parce qu'on est moins stimulé par des injonctions à la consommation, des publicités qu'on voit partout ou autre. Mais c'est vrai que ce projet ne pourra prendre de l'ampleur, ne pourra transformer radicalement la société, qu'à partir du moment où il sera collectif, et qu'à partir du moment où on aura des institutions sociales qui permettront ces transformations. Et ces institutions sociales elles sont toutes simples : c'est remettre en question notre protection sociale fondée sur l'emploi à temps plein. [...] Et d'autre part, c'est aussi réfléchir à d'autres façons de répartir les ressources des richesses produites, et c'est pour ça que certains qui revendiquent de travailler moins militent par exemple pour un revenu universel, qui permettrait à n'importe quel individu d'obtenir une sécurité financière avec un certain montant, qui lui est alloué tous les mois, sans faire de démarches, sans conditionnalité, et qui transformerait radicalement le rapport des individus aussi bien à leur emploi qu'à leur vie en général.
– Merci beaucoup, Céline Marty, *Travailler moins pour vivre mieux : guide pour une philosophie anti-productiviste*, c'est donc votre ouvrage aux éditions Dunod. Merci beaucoup d'être aujourd'hui passée par le studio du Quart d'Heure.

« Le protocole sanitaire crée des tensions à l'école, et rencontre avec les 'détravailleurs' qui veulent travailler moins pour vivre mieux », Céline Asselot, *Le Quart d'Heure*, France Info, 14/01/2022

# UNITÉ 4

**Piste 13, leçon 1, exercice 4**
– Bonjour, c'est Géraldine de Mori, vous écoutez *Objectif Terre*, le podcast environnement de RMC. Dans le monde, il n'y aurait pas moins de 22 milliards d'objets connectés : des smartphones, des ordinateurs très gourmands en matières premières pour leur conception et en énergie pour leur utilisation. Pour limiter l'impact sur la planète, on parle de plus en plus de sobriété numérique. Romuald Ribault, bonjour !
– Bonjour Géraldine !
– Alors, vous êtes vice-président de l'AGIT, l'Alliance Green IT. Pour commencer, est-ce que c'est possible de chiffrer l'impact du numérique ?
– Alors, on peut chiffrer l'impact du numérique. On a différentes échelles de valeurs à l'échelle mondiale et à l'échelle nationale. Il faut comprendre que les impacts du numérique ne sont pas que les impacts CO2, pas que donc les impacts d'émissions de gaz à effet de serre. Ces impacts concernent aussi l'accès aux ressources et aux matières. L'énergie, bien entendu, pendant la phase d'utilisation, c'est une chose mais aussi à toute l'énergie grise qui sert à notamment extraire des matières. Et donc, grâce à des analyses de cycle de vie qui vont mesurer les impacts sur donc, l'ensemble du cycle de vie de l'extraction des matières jusqu'à la fin de vie des équipements, donc en passant évidemment par leur fabrication. Donc, on estime à environ 4 % l'impact du numérique en termes d'émission de gaz à effet de serre, ce qui correspond, peu ou prou, aux mêmes émissions que l'aviation civile. Donc autant pour les avions, on imagine bien et on voit bien, on arrive à matérialiser leur émission de gaz à effet de serre et dans le numérique, c'est plutôt, c'est plutôt invisible.
– Et justement, comment est-ce qu'on peut diminuer alors son impact parce qu'on voit bien que c'est quelque chose de global depuis vraiment la conception, finalement, de l'ordinateur ou du téléphone, jusqu'à sa fin de vie ?
– Tout à fait, alors, on a deux choses à faire vraiment importantes : c'est, d'une part, allonger

la durée de vie de nos équipements, parce que vu que le mal est fait autant garder cet équipement un maximum de temps, et puis bien sûr, bien entendu, quand cet équipement arrive en fin de vie, eh ben, bien le recycler.
– Et comment on allonge sa durée de vie justement ?
– Alors, on a plusieurs moments dans la vie, pareil, de l'équipement pour pouvoir l'allonger. D'une part, on va bien l'utiliser. Bien l'utiliser, c'est prendre soin de son matériel, c'est le nettoyer, c'est le mettre à niveau, lui donner toutes les chances de durer un maximum de temps. Ensuite, quand on arrive en fin d'usage, la fin d'usage, ce n'est pas la fin de vie de l'équipement, c'est la fin de mon propre usage. J'ai plusieurs actions possibles : je peux faire un don, si je suis une entreprise vers des salariés, ou un don vers quelqu'un de mon entourage. Je peux faire un don vers une association et je peux aussi vendre mon équipement. Si quelqu'un le rachète, c'est bien entendu dans l'esprit de l'utiliser à nouveau. On peut aussi, en amont, réparer son équipement si celui-ci ne fonctionne plus ou fonctionne mal. Si ça me permet de le garder pour moi plus longtemps ou pour un autre, l'opération de réparation est une opération importante.
– Et on va rappeler aussi que pour allonger la durée de vie, ben, on peut aussi réparer son appareil, d'autant que ça, c'est quelque chose qui est vraiment encouragé par le gouvernement avec le bonus réparation qui permet d'avoir un petit peu d'argent pour faire réparer son ordinateur ou son smartphone. Donc ça, c'est plutôt une bonne chose. Merci beaucoup Romuald !
– Voilà, ben merci !
– Vous êtes maintenant prêt à vous lancer dans la sobriété numérique et moi, je vous dis à bientôt pour un nouvel épisode d'Objectif Terre !

« Smartphones, ordinateurs, tablettes : comment réduire ma pollution numérique », Géraldine de Mori, *Objectif Terre*, RMC, 25/10/2023

**Piste 14, leçon 2, exercice 4**
– Très bon réveil, dans France Info petit matin, il est 05h26. C'est l'heure de partir aux États-Unis pour Bientôt chez vous.
– Oui, avec Loïc Pialat, Claire, qui nous attend à Los Angeles, correspondant de France Info. Bonjour Loïc !
– Bonjour à tous les deux.
– Cette question étrange pour le moins ce matin : y aura-t-il du miel un jour dans nos ordinateurs ? Le produit du travail des abeilles est utilisé, par les chercheurs de Washington State University Vancouver à l'ouest des États-Unis, pour développer des composants avec toutes sortes d'avantages. Être notamment plus écologique que les composants traditionnels pour commencer.
– Oui, alors, Zoé Templin, l'une des chercheuses de l'université, raconte à nos confrères de la télévision publique de l'Oregon qu'elle se sent chanceuse d'avoir grandi dans le nord-ouest des États-Unis, où la conscience écologique est, peut-être, un peu plus présente qu'ailleurs dans le pays. D'après les Nations unies, nous produisons, nous l'humanité, 50 millions de tonnes de déchets électroniques chaque année et seulement 20 % sont recyclés. Le miel, lui, est biodégradable, il suffit d'un peu d'eau pour l'éliminer. Il ne pourrit pas, il est stable et il s'avère qu'il a des propriétés chimiques qui permettent de le transformer potentiellement en composant, de fait moins toxique que le silicium, par exemple. Le silicium, ça se dit *silicone* en anglais d'où la Silicon Valley.
– Et pour fabriquer quel type de composants alors ?
– On appelle ça un « memristor » contraction en anglais de mémoire et résistance de composants essentiels en informatique. Le concept existe depuis des décennies, mais les premiers « memristors » n'ont été fabriqués qu'en 2008. L'idée, c'est d'imiter ce que fait le cerveau humain, souvent présenté comme un extraordinaire ordinateur. Les chercheurs de Washington State University solidifient du miel, placé ensuite entre deux électrodes métalliques pour copier en quelque sorte une synapse, c'est-à-dire le point de contact entre deux neurones dans le cerveau. C'est grâce aux synapses que nous apprenons et que nous nous souvenons de ce que nous apprenons. Pour le moment, l'université n'a créé qu'un seul « memristor » de la taille d'un cheveu. Encore très loin du but final, c'est-à-dire des milliards de « memristors » d'un millième de la taille d'un cheveu. Tous ces « memristors » assemblés permettront, théoriquement, de fabriquer un ordinateur neuromorphique.
– Théoriquement, c'est-à-dire ?
– Là encore, un ordinateur qui prend pour modèle notre cerveau et qui serait, à la fois, plus rapide et plus économe en énergie que les ordinateurs du moment. Les ordinateurs d'aujourd'hui traitent une information et la stocke, mais un composant s'occupe de la traiter et un autre de la stocker pour que l'information circule entre ces deux composants. Il faut de l'énergie et du temps et beaucoup d'énergie. Le *New York Times* expliquait récemment que les serveurs d'intelligence artificielle pourraient, d'ici quatre ans, consommer

autant d'énergie qu'un pays comme l'Argentine. Le « memristor », lui, traite l'information et la stocke au même endroit, d'où un gain de temps et d'énergie. Si ces « memristors », plus efficaces que les composants actuels, sont en plus fabriqués avec du miel, vous vous retrouvez donc avec un ordinateur plus performant, moins énergivore et plus écologique.
– Merci Loïc Pialat, en direct de Los Angeles, pas loin de cette Silicon Valley. Il faudra donc, peut-être bientôt, dire la Honey Valley, la vallée du miel. *Bientôt chez vous*, c'est tous les matins sur France Info.

« Innovation : le miel, cette piste de recherche pour la conception d'ordinateurs plus puissants et écologiques », Loïc Pialat, *Bientôt chez vous*, France Info, 13/12/2023

### Piste 15, leçon 3, exercice 4
– *Le brief politique*, les indiscrets du service politique de France Info, Aurélie Herbemont. Le Conseil économique et social et environnemental publie aujourd'hui son rapport annuel sur l'état de la France. Le lieu de résidence est la première source d'inégalité selon les Français. C'est ce qu'on apprend et c'est l'info du brief.
– Oui, pour 67 % d'entre eux, c'est le fait d'habiter en ville, en zone rurale, en banlieue ou en centre-ville qui a l'impact le plus important sur l'accès à l'emploi, aux études supérieures, puis à la santé. C'est le facteur encore plus discriminant que l'origine, la couleur de peau et le fait d'être un homme ou une femme. C'est l'un des enseignements du sondage, réalisé par Ipsos, pour le Conseil économique social et environnemental.
– Le CESE qui fait des propositions pour remédier à ce type d'inégalités entre les territoires.
– Oui, partant du principe que le taux d'emploi, dans les quartiers politiques de la ville, est à 45 %, soit 20 points inférieur à celui de la moyenne générale, le CESE propose que les politiques publiques d'emploi intègrent davantage la lutte contre les discriminations. Il suggère aussi de financer des actions de médiation entre l'offre et la demande de travail, dans ces quartiers, en mettant l'accent sur des métiers liés à la transition écologique, qui seront des gros pourvoyeurs d'emplois dans les années qui viennent. C'est Olivier Véran, le porte-parole du gouvernement, qui assistera à la remise des conclusions, cet après-midi. Il pourra transmettre à ses collègues.
– Et il n'y a pas que ça dans ce rapport, beaucoup d'autres informations.

– Eh oui, le CESE tire aussi le signal d'alarme sur les crispations qui peuvent découler d'une hausse de la pauvreté. 42 % des Français disent que leur pouvoir d'achat permet juste de répondre aux besoins essentiels, voire être insuffisants, avec une vraie fracture générationnelle : un Français sur deux de moins de 35 ans estime bien vivre quand ça monte à 69 % chez les plus de 60 ans.
– Et parmi les préoccupations des Français, il y a l'éco-anxiété qui n'a jamais été aussi élevée.
– Oui, huit Français sur dix se disent inquiets du changement climatique et l'âge n'y change rien, contrairement aux idées reçues. Dans cette étude, il n'y a pas de différence majeure entre les jeunes et les plus âgés en matière d'éco-anxiété. Cette angoisse s'accompagne d'un volontarisme relatif des Français. Une écrasante majorité veut agir à son niveau : recyclage, achat de seconde main, baisse du chauffage mais il y a un frein financier. 37 % des Français n'ont pas les moyens d'adopter un comportement plus vertueux : l'achat d'une voiture électrique, par exemple, arrive tout en bas du classement des actions écolos envisagées par les Français.
– Le brief politique avec Aurélie Herbemont.

« Éco-anxiété : huit Français sur 10 se disent inquiets face au changement climatique », Aurélie Herbemont, *Le brief politique*, France Info, 25/10/2023

### Piste 16, entraînement au DALF C1, exercice 1
– Paris, Berlin, Chicago, Abidjan, Johannesburg, Séoul, soixante-dix grandes villes prennent de nouveaux engagements pour le climat. Leurs maires sont réunis depuis deux jours à Copenhague. C'est le sommet de l'organisation internationale C40. Bonjour, Valérie Plante.
– Bonjour.
– Vous êtes en duplex de Copenhague, vous êtes la maire de Montréal, la mairesse comme on dit chez vous. Ce genre de réunion, ça sert à quoi ? C'est pour partager des idées, pour chercher de l'inspiration ?
– Oui, absolument, de partager de bonnes pratiques, de s'inspirer les uns des autres. Mais je vous dirais aussi qu'il y a un esprit de saine compétition qui est fort stimulant, parce que, d'une ville à l'autre, on souhaite vraiment se démarquer, à inspirer les autres également et montrer que la crise climatique, nous la comprenons, bien que nos contextes soient très, très différents. Quand je pense à l'Afrique, le Canada, à l'Europe, c'est très différent, mais il y a vraiment cette idée de… on veut pouvoir montrer, même aux gouvernements supérieurs, peu importe l'État, que les villes agissent.

– C'est à cette échelle que ça se joue, les grandes villes sont davantage moteurs que les États ?

– Absolument ! Parce que les villes, nous sommes sur la première ligne. Lorsqu'il y a une inondation, une vague de chaleur, ce sont nos citoyennes et citoyens qui en paient le prix. Parfois, le prix de leur vie. Et donc nécessairement nous avons extrêmement à cœur d'assurer la sécurité physique de nos citoyens et citoyennes. Mais également, je dirais qu'il y a cette préoccupation aussi de préserver la biodiversité, parce que les deux sont intimement liés : sauver les populations, ou du moins assurer leur survie à long terme, et également des différents écosystèmes de la faune, de la flore. Alors, d'être ensemble, ce réseau de solidarité, est vraiment très important à ce moment-ci, quand on sait que certains États ou gouvernements prennent des positions qui vont à l'encontre de la lutte aux changements climatiques.

– Valérie Plante, dans le C40 il n'y a que des grandes villes, mais c'est tout de même un groupe très disparate, vous l'évoquiez tout à l'heure, les problématiques ne sont pas les mêmes. Ça veut dire qu'il n'y a pas de solution globale, pas de modèle qui puisse être dupliqué ?

– Absolument, parce qu'à la base, les émetteurs de gaz à effet de serre sont très différents, comme par exemple au Canada, le fait d'avoir de l'hydroélectricité fait que nous n'avons pas vraiment besoin de faire une transition énergétique en ce sens, alors que c'est le cas aux États-Unis. Bien sûr, en Europe, ou encore en Asie, d'autres problématiques sont également très présentes. Certains pays ou certaines villes vont se préoccuper davantage, par exemple, de planter des arbres, ou sinon, de la qualité de l'eau, de la qualité de l'air. Alors il y a énormément de stratégies qui peuvent être mises en place, mais, effectivement, les contextes peuvent être très différents au niveau de comment y arriver.

– Valérie Plante, prenons un exemple que vous connaissez par cœur : Montréal. C'est compliqué de réaliser une transition écologique dans une ville comme Montréal ?

– Notre défi est surtout au niveau des transports, puisque Montréal a été créée, comme toutes les villes nord-américaines, sur un plan autoroutier. Le transport collectif a été sous-évalué, sous-estimé, sous-aimé et sous-financé pendant de trop nombreuses années. Alors, pour combattre les gaz à effet de serre, c'est vraiment dans le transport collectif et actif que nous devons agir. Mais nécessairement, comme mairesse, je vous dirais que c'est pas un sujet évident, puisque pour les citoyens et citoyennes, on s'attaque directement à leurs habitudes. Tout le monde dira : « Oui, je suis pour la lutte aux changements climatiques ! », évidemment, personne n'est contre la vertu ou la tarte aux pommes, comme on dit. Mais c'est quand il est question de changer nos habitudes et de faire des choix importants comme cela, ce qui touche la mobilité, alors ça devient nettement plus difficile.

– On parle souvent de Copenhague, qui est érigée en exemple comme ville qui réussit le mieux, le plus rapidement, sa transition écologique, où le vélo a toute sa place. C'est peut-être plus facile à faire à Copenhague – c'est ce que vous nous dites – qu'à Montréal. Le vélo, pour le moment, c'est pas gagné chez vous ?

– C'est pas gagné, bien qu'on ait un des réseaux cyclables les plus structurants d'Amérique du Nord. Nous sommes une ville cyclable importante, mais évidemment, les conditions climatiques sont un frein, bien que je vous dirais qu'il y a de plus en plus d'adeptes du vélo d'hiver malgré la neige et le -25 ! Ils sont dehors à pédaler, mais...

– Il y a des courageux !

– Oui, oui, de très, très, très courageux, courageuses. Mais sinon, il est vrai que nous devons, à Montréal, repenser l'occupation de la route. On ne peut pas construire plus de routes, mais je peux construire plus de métros, de tramways, enlever des voies de voiture pour y mettre des voies cyclables et sinon l'autre élément à Montréal, c'est de préserver les espaces verts. Montréal est une île, on est donc, somme toute, très vulnérable. Alors, j'ai pris l'engagement d'acheter plusieurs terrains verts, de les préserver et, nécessairement, il y a un coût associé à acheter ces terrains. Pour l'instant, les Montréalais et Montréalaises sont derrière moi, mais il faut toujours avoir de bons arguments. Heureusement, en ce moment, ou plutôt malheureusement, tous les arguments – je pense au rapport du GIEC – nous démontrent qu'on ne peut plus attendre.

– J'aimerais qu'on parle aussi d'un projet en particulier, le projet de quartier vert. C'est quoi ?

– Le quartier vert, c'est... en fait, à Montréal il n'existe pas encore, contrairement à ici en Europe, spécialement à Copenhague, de quartier à faible émission carbone. Alors, l'idée est vraiment de créer un quartier complet, et je pense à un territoire qui fait à peu près dix fois dix terrains de soccer, pour pouvoir... – de football, pardon ! – pour pouvoir y faire un quartier sans voiture, mais où le transport électrique, le transport collectif sera le plus important. Alors, c'est une première au Canada, et je suis très fière. Il était temps, en fait, qu'on mette ce genre de projet sur pied. L'engouement est là, les gens ont envie de repenser leur mode de vie. [...]

« Valérie Plante, mairesse de Montréal : "Les villes sont en première ligne" de l'urgence climatique », Mathilde Munoz, *L'invité de 6h20*, France Inter, 11/10/2019

# Unité 5

**Piste 17, leçon 1, exercice 4**
– C'est l'heure de votre billet sciences, Anne Le Gall. Des scientifiques du CNRS ont découvert qu'en retardant le vieillissement de l'intestin chez des poissons, on peut retarder le vieillissement de tout l'organisme.
– Oui, c'est surprenant. Mais oui, des chercheurs de l'Institut de recherche sur le cancer et le vieillissement de Nice, ont pensé à tenter cette expérience sur des intestins de poissons zèbres. S'ils y ont pensé, c'est parce qu'il y a un rôle particulier de l'intestin dans le vieillissement qui est établi depuis longtemps et parce que chez les poissons comme chez nous, il est l'un des organes qui vieillit en premier et qui entraîne le vieillissement du reste de l'organisme. On sait en effet, depuis plus d'un siècle, que plus nous vieillissons, moins le tube digestif joue son rôle de barrière et laisse donc passer certaines particules, bactéries, microbes indésirables dans le sang, ce qui peut nuire à tout l'organisme et c'est pour cela que l'intestin est un organe très étudié dans les stratégies anti-âge.
– Et comment les chercheurs ont-ils pu stopper le vieillissement des intestins d'un poisson zèbre ?
– Le vieillissement d'un organe est visible dans les extrémités de ses chromosomes, qu'on appelle des télomères. Le raccourcissement de ces télomères est un signe de vieillissement. Donc, ces chercheurs ont tenté d'inverser le processus de raccourcissement des télomères, en insérant chez un poisson zèbre, des fragments d'ADN permettant aux cellules intestinales de produire l'enzyme responsable, au contraire, de l'allongement des télomères. Ça a bien fonctionné et ils ont observé effectivement que l'intestin du poisson avait arrêté de vieillir, mais que cela générait aussi une amélioration générale du reste de l'organisme chez ces poissons et une augmentation de leur espérance de vie.
– Anne, est-ce que ce qui fonctionne chez le poisson zèbre a des chances d'être vérifié chez l'homme ?
– Oui, alors, déjà ces travaux confirment l'importance d'une bonne santé intestinale à tout âge. Ce qui passe, notamment, par une alimentation équilibrée, riche en fibres et sans trop d'aliments transformés. Et puis, oui, ces recherches ouvrent des pistes prometteuses pour l'homme parce que le poisson zèbre partage 70 % de ses gènes avec nous les humains et puis le vieillissement du poisson zèbre est notamment proche du nôtre et celui des humains dans des maladies telles que l'arthrose, les maladies neurodégénératives et certains cancers.
– Anne Le Gall, *Le billet sciences*, tous les matins dans le 5-7.

« Sciences : ralentir le vieillissement des intestins pourrait rajeunir tout l'organisme », Anne Le Gall, *Le billet sciences*, Radio France, 08/05/2023

**Piste 18, leçon 2, exercice 4**
La main-d'œuvre africaine pourrait être la plus importante au monde d'ici la fin du siècle et l'Afrique aura besoin d'emplois plus nombreux et de meilleure qualité. Les technologies numériques recèlent un énorme potentiel pour les personnes, les entreprises et les emplois. Le nouveau rapport Afrique numérique, une transformation technologique pour plus d'emplois, démontre que la disponibilité de l'Internet augmente les emplois et réduit la pauvreté. Mais le potentiel des technologies numériques n'est pas pleinement réalisé en Afrique. Alors que 84 % de la population vit dans des zones où des services d'Internet mobile 3G ou 4G sont disponibles, en moyenne seuls 22 % d'entre eux utilisaient des services internet mobiles fin 2021. Un simple forfait de données coûte environ 1/3 du revenu des Africains les plus pauvres. Le rapport présente des politiques qui peuvent rendre les technologies numériques plus abordables, et accroître l'utilisation productive de l'Internet. Selon le rapport, lorsque les technologies numériques répondent mieux aux besoins des personnes, des emplois sont créés et les revenus augmentent, mettant ainsi les technologies numériques au service des Africains, et non l'inverse. Pour en savoir plus, consultez le site : www.worldbank.org/digitalafrica.

« Afrique numérique : Transformation technologique pour l'emploi », La Banque mondiale, 13/03/2023

**Piste 19, leçon 3, exercice 4**
– Salut, c'est Julia ! C'est quoi la chose la plus bouleversante et la plus belle que tu aies vue dans l'espace ?
– Eh ben, salut Julia ! Et merci pour ta question à Thomas Pesquet qui te répond tout de suite. Alors, Thomas, vous essayez de pas trop nous sortir un truc cliché.

– Non, mais j'ai envie de dire, c'est l'atmosphère de la Terre, quoi. C'est ce petit truc. Alors, on va dans l'espace, ok, pour aller dans l'espace, mais au final, on n'est pas très loin. On peut voir les planètes, on peut voir les étoiles mais à peu près de la même manière qu'on peut les voir depuis le sol. Par contre, ce qu'on voit vraiment très bien, c'est la Terre. On la regarde de haut et on se rend compte que c'est magnifique. Et moi, ce qui m'a vraiment impressionné, c'est qu'il y a cette atmosphère-là, cette espèce de bande de gaz qui contient toute la vie, qui est un peu notre protection, et un peu notre bulle de savon. Et, en fait, elle est tellement bleue, la Terre, que l'atmosphère, moi, je trouve qu'elle brille d'un bleu. C'est pas qu'une couleur, c'est une lumière. On dirait un peu comme la lumière du Bluetooth, en fait. C'est une comparaison un peu nulle mais y a cette espèce de couleur bleue qui brille, que moi, je trouve absolument magnifique.
– Et elle dit belle et bouleversante, ça va, vous associez les deux adjectifs ?
– Mouais, j'associe les deux adjectifs parce qu'il y a le côté fragilité que j'ai essayé de décrire pendant la mission et en en revenant. Il faut vraiment qu'on se rende compte qu'on est tous sur un même bateau. En fait, on est embarqué sur la planète Terre qui est ni plus ni moins qu'une espèce d'oasis de vie, dans le rien de l'espace. Tout autour, y a du rien à des millions de kilomètres, à des années-lumière. Et donc, on est sur notre petit radeau, là, et c'est fragile. Et puis, on se dit que ça pourrait mal se passer cette histoire, si on ne s'en occupe pas. Donc, c'est pour ça aussi que c'est un peu bouleversant.
– C'est important, justement, cette question de préserver cette planète parce qu'il y a aussi une espèce de dissonance. Il y a des gens qui disent : « Oui, l'espace ça pollue. Pourquoi aller dans l'espace alors qu'il faut préserver la vie sur notre Terre ? ». Qu'est-ce que vous dites à ça ?
– Ah non, non, mais je dis que le premier but d'aller dans l'espace, c'est de regarder la Terre depuis toujours. Pas de la regarder, juste pour la regarder, de la regarder avec des flottes de satellites qui l'auscultent sous toutes les coutures. Si on sait aujourd'hui que les glaces fondent, si on sait que la température des mers augmente, si on sait que les gaz à effet de serre augmentent dans l'atmosphère, si on sait toutes ces choses-là, c'est parce qu'on les mesure depuis l'espace. On n'a pas une flotte de bateaux tous les 100 mètres dans l'océan Pacifique pour mesurer la température. On ne peut pas, ce n'est pas possible. Par contre, on a des satellites. Si on n'avait pas de programme spatial, on ne saurait pas qu'il y a le réchauffement climatique. On se dirait, tiens c'est marrant, il fait un peu plus chaud mais on n'aurait pas les données, on n'aurait pas les observations sur toute la planète pour conclure et toutes ces données qu'on donne aux scientifiques. Et moi, j'espère, enfin j'en suis sûr même, que les agences spatiales, elles sont aux premières loges du combat contre le changement climatique.
– Et le tourisme spatial qui n'est pas tout à fait la même chose ?
– Ah oui, le tourisme spatial, ce n'est pas la même chose mais ça ce n'est pas les agences spatiales, elles n'en font pas et surtout pas nous en Europe, en fait. C'est une activité américaine, c'est la NASA qui a dit sous l'administration Trump. Et ça a donné lieu à ce qu'on voit en ce moment. Alors quelle sera la trajectoire ? Moi, je pense que le marché est, heureusement d'ailleurs, assez minime donc est-ce que ça va devenir quelque chose qui s'oriente plus vers la recherche et auquel cas, ce serait positif. Mais si ça reste du divertissement, non, c'est sûr qu'on ne peut pas approuver cette activité-là.

« Quelle est la chose la plus bouleversante et la plus belle que Thomas Pesquet ait vue dans l'espace ? », Camille Crosnier, *Les P'tits Bateaux*, France Inter, 09/11/2023

**Piste 20, entraînement au DALF C1, exercice 2**
– Alors Laurent Lefèvre, je le disais, vous êtes chercheur, vous, c'est votre spécialité d'essayer de mesure l'impact du numérique, de voir comment on peut limiter les dégâts. Mais est-ce qu'on a une vision claire de l'impact du numérique ? Sachant que le numérique est aussi un élément et un facteur de transition énergétique, qui permet de faire des économies d'énergie.
– Le numérique nous est souvent présenté comme ça, on parle de transition énergétique, et aussi de transition numérique, c'est-à-dire concevoir d'autres types de numérique qui vont remplacer les générations précédentes. Comme dans l'énergie on observe pour l'instant plutôt un empilement numérique, c'est-à-dire que les générations suivantes de solutions numériques se rajoutent aux précédentes. Donc d'où cette surconsommation et cette consommation qui continue à augmenter en lien avec l'usage. Donc en tant que chercheurs, nous on essaye de travailler sur une conception d'un numérique plus sobre, plus efficace, donc là on s'aide de la technologie et on va créer des nouveaux modèles algorithmiques ou mathématiques pour réduire la consommation de ce numérique. Mais cette technologie n'est pas suffisante, elle doit être alliée avec la phase d'usage, avec l'usage de ce numérique, afin d'éviter notamment ce que l'on appelle les effets rebonds, c'est-à-dire qu'on va

gagner en efficacité mais on va perdre parce que du coup les utilisateurs vont plus utiliser les services, plus utiliser le numérique. Donc, les deux doivent aller ensemble. La technologie peut aider, mais l'utilisateur, les usages du numérique, doivent être corrélés avec cette amélioration de l'efficacité.
– Est-ce que l'innovation technologique peut permettre de limiter l'impact environnemental du numérique ?
– L'innovation technologique et la recherche, telle qu'on la mène à l'Inria, permettent de réduire certains impacts. Par exemple, concevoir de nouveaux types de logiciels, qui seraient moins impactants et plus durables, concevoir une électronique qui soit plus facilement démontable, réparable, plus modulaire, et aussi plus durable dans le temps. Il y a plein d'innovations, donc, académiques et industrielles qui pourraient vraiment réduire certains de ces impacts. Mais comme je le disais tout à l'heure, cette innovation doit aller de pair avec un usage raisonné et une maîtrise des effets rebonds.

« L'innovation technologique ne suffit pas pour limiter l'impact environnemental du numérique », Jérôme Colombain, *Nouveau monde*, France Info, 10/10/2020

**Piste 21, entraînement au DALF C1, exercice 3**
Avec une étude qui vient de paraître, aujourd'hui même, dans la revue *New Phytologist*, étude sur l'évolution des fleurs des champs, enfin, l'une d'entre elles en particulier, que vous connaissez forcément : la pensée... *Viola arvensis*, petite fleur blanche sauvage qui pousse donc au milieu des champs, des prairies, des cultures, et dont les graines, comme celles de beaucoup d'autres plantes, ont la faculté d'entrer en dormance, un gros dodo qui peut durer des années et des années, pour le plus grand bonheur des conservateurs botaniques qui peuvent les garder bien au froid pour des recherches ultérieures, ça s'appelle « l'écologie de la résurrection ». Et des graines de pensées, donc, récoltées en région parisienne dans les années 90, ont été ressuscitées, cultivées, et ont fait des petites descendantes en laboratoire. Pendant qu'on a fait pareil avec leurs descendantes sur le terrain, récoltées en 2021, puis cultivées en labo, avec encore des petites descendantes. [...]
800 au total, quatre populations, avec un objectif, résumé par celui qui a coordonné l'étude, Pierre-Olivier Cheptou, directeur de recherche en écologie évolutive au CNRS : « Je voulais voir l'effet du déclin des pollinisateurs sur les stratégies de reproduction des plantes. »

Quelles conséquences l'effondrement documenté des populations d'insectes, parmi lesquels de nombreux pollinisateurs, a sur les fleurs des champs, incarnées ici par la pensée ?
Plusieurs. D'abord, l'autofécondation, syndrome qui existait déjà chez les pensées, explose : « Alors on avait 50 % dans les années 90-2000, et on a 75 % maintenant. » Précisément + 27 % d'augmentation de l'autofécondation en moyenne, en 30 ans, et c'est couplé à 2 autres phénomènes : « On a vu qu'elles avaient des fleurs plus petites, plus petites de 10 %, et qu'elles produisaient 20 % de nectar en moins. » 10 % de moins pour la taille des fleurs, 20 % de moins pour le nectar, en gros.
Ça veut dire que les pensées économisent de l'énergie, et qu'elles ne s'embêtent plus à se faire belles pour attirer les pollinisateurs. [...]
Et à ceux qui se diraient « ben en même temps c'est cool que ces fleurs arrivent à s'adapter à une situation compliquée », réponse de Samson Acoca-Pidolle : « Fausse bonne idée justement, en fait à long terme, moyen-long terme, quand on a une reproduction sexuée avec soi-même, on finit par tourner en boucle, on finit par s'appauvrir génétiquement parlant, et donc il y a un risque d'avoir moins de potentiel adaptatif, face à des changements fluctuants en fait, et donc des risques d'extinction plus élevés. »
Autre problème : le cercle vicieux. Moins de pollinisateurs = donc, des fleurs moins attirantes avec moins de nectar = encore moins de pollinisateurs ! [...]
Cette mauvaise lancée est-elle immuable ? Pierre-Olivier Cheptou ne peut encore rien prouver, mais voilà son sentiment : « Le phénomène serait réversible, c'est-à-dire si on crée des conditions bonnes pour les pollinisateurs, peut-être que l'espèce, comme elle a encore de la variation, pourrait repartir dans l'autre sens. Mais il faut le faire ! C'est urgent ! Parce que quand on sera à 100 %, là il n'y aura plus de variations. »
Que les pollinisateurs ne disparaissent pas pour que les pensées et les autres, donc, reprennent des couleurs et ne contribuent pas au contraire elles aussi à leur déclin, voire à leur propre extinction... Bref que le cercle vicieux se transforme en cercle vertueux.

« Les fleurs qui cessent de se faire belles », Camille Crosnier, *Camille passe au vert*, France Inter, 20/12/2023

# Unité 6

### Piste 22, leçon 1, exercice 3
– On fait une action coordonnée avec plein d'autres écoles.
– Pour dire, nous, on ne veut pas travailler pour des entreprises climaticides.
– Toi, t'en penses quoi ? Bosser pour des gens comme ça, est-ce que ça…
– Ah non, ça fait aucun sens.
– On les appelle des bifurqueurs, ces étudiants des grandes écoles qui se détournent des voies habituelles et choisissent des carrières compatibles avec leurs valeurs écologiques. Je suis sur le campus de HEC, où un groupe d'étudiants organise une action contre le projet EACOP, cet oléoduc chauffé qui doit traverser la Tanzanie et que Total Énergies s'apprête à construire. Mais ils sont aussi là pour sensibiliser les autres étudiants à la nécessité de refuser de travailler pour des entreprises polluantes.
– Salut ! Tu connais EACOP ou pas ?
– EACOP ?
– Le gazoduc et oléoduc de Total.
– Comme c'est l'AG de Total dans un mois pile, on s'est dit, c'est la bonne date pour faire ça. Donc, si vous voyez des trucs sur les réseaux, partagez au max.
– Peut-être, ça peut faire bouger Total et les boîtes qui ont des projets comme ça parce que parce qu'il y a pas mal de dirigeants qui sont passés par nos écoles aussi. S'ils se disent que si aucun de nous veut aller bosser pour eux, peut-être qu'il y a un problème.
– Je pense que ce n'est pas le seul moyen pour avancer sur la lutte écologique. Mais, je pense que c'est un des moyens et je pense que peut-être que je serai bifurqueur, et peut-être un jour déserteur !
– On est avec une dizaine d'écoles et on fait tous exactement la même action.
– On espère que ça aura un peu de résonance. Mais il y en a à Sciences Po aussi…
– Je pense qu'il y a un gros changement, qu'il y a plein d'entreprises où les jeunes n'iront plus parce qu'elles ne respectent pas certains critères, qu'elles ne respectent pas l'environnement et même les critères sociaux. Donc je pense que oui, il y a un vrai changement et les entreprises doivent prendre le pli et changer leurs habitudes et leur mode de fonctionnement.
– On est encore formé à des principes très néolibéraux, de la croissance, etc. On ne parle pas du tout décroissance, dans tous nos cours, on parle très peu de finance verte, et quand on parle de finance verte, c'est avec des outils de la finance aujourd'hui. Donc, je pense qu'il y a un vrai rôle à jouer dans les écoles pour nous former, en fait, à savoir comment est-ce qu'on mène une transition carbone dans les entreprises, à savoir comment est-ce qu'on mène des mesures d'impact carbone, d'impact environnemental. Ça, on n'est pas du tout formé.
– J'ai quand même la sensation qu'au moins, maintenant, on en parle en cours même si ça reste quand même un petit peu superficiel, au moins les sujets sont abordés, et les sujets écolos, c'est pas un truc à part. On essaie quand même d'en parler un petit peu, après c'est vrai qu'il y a quand même énormément de chantiers sur lesquels avancer dans les cours, pour que ce soit vraiment intégré dans les cours et pas juste un sujet qu'on passe vite fait.
– Je suis convaincue écolo, et donc je pense que je vais me tourner, enfin, je vais me tourner vers quelque chose dans ce domaine-là, que ce soit RSE ou plus dans le domaine public.

« À HEC, ces étudiants appellent à boycotter les entreprises polluantes », Marie Haynes, *HuffPost*, 29/04/2023

### Piste 23, leçon 2, exercice 4
– Acheter des vêtements de seconde main en friperie, une véritable tendance mais aussi une volonté pour les acheteurs de préserver la planète. À l'Octroi à Nancy, une friperie solidaire pousse le concept encore plus loin. Explications avec David Bailly et Julien Blanchard.
– Natacha Guidet est présidente de la recyclerie 3R à Nancy. Depuis le mois de janvier, elle a récolté 1,5 tonne de vêtements et une fois par mois, elle organise ces friperies solidaires.
– L'idée, c'est de pouvoir permettre aux Nancéiens de s'habiller à faible coût, pour la partie solidaire. Et de permettre de remettre dans le circuit, ces vêtements qui avaient une destinée d'enfouissement, poubelle, l'incinération, voilà…
– Ici, le client est informé de l'impact écologique de l'industrie textile : une industrie polluante gourmande en eau. Les clients y sont sensibles.
– On surfe sur la tendance mais c'est vraiment un impact plus profond de sensibiliser à l'environnement, à faire attention à la consommation et donc, ce sont des messages qui sont super importants.
– Je suis coutumière de la seconde main depuis toujours en fait, je n'ai jamais arrêté, et puis je continue, puis je suis contente qu'il y ait des porteurs de projets localement qui s'emparent du sujet pour pouvoir nous faire profiter de bons plans. Ça, c'est vraiment sympa.

– Autre particularité de ce lieu : chaque mois, une artiste couturière qui fabrique des vêtements avec d'anciens tissus est invitée à exposer ses créations.
– J'ai un petit peu trouvé le concept dans les placards de mon grand-père en trouvant ses chemises et je me suis dit : « Tiens, j'ai envie de de les remettre au goût du jour. » Eh voilà, c'est comme ça que l'idée m'est venue de faire des créations d'upcycling.
– La prochaine friperie solidaire aura lieu le 10 juin et si vous voulez débarrasser vos placards de vêtements inutiles, l'association via les réseaux sociaux s'organisera pour les collecter.

« Tendance : friperie, vêtements de seconde main et upcycling », France 3 Grand Est, 23/05/2023

### Piste 24, leçon 3, exercice 4
– En arrivant vers la ferme d'Amine Ben Abdallah, agriculteur céréalier, à une soixantaine de kilomètres de Tunis, le contraste est saisissant : ses cultures sont déjà verdoyantes malgré un été caniculaire.
– Quand on a commencé à exploiter en 2007, en fait, c'était un champ de céréales, avec un sol mort, c'est-à-dire sans activité biologique et qui ne fonctionnait que si l'on mettait des tonnes d'engrais et de produits chimiques et petit à petit, comme vous voyez, on a commencé à retravailler. La première chose que l'on a faite, c'est des terrasses, donc des gros terrassements pour éviter le ravinement de l'eau, et pour pouvoir retenir l'eau, la matière organique, et créer des micro-climats puis commencer à planter des arbres en ligne.
– Ces techniques agro-écologiques et agro-forestières lui ont permis de continuer à assurer la production de céréales alors que cette année, le nord-ouest du pays a été gravement affecté par la sécheresse. La récolte céréalière a baissé de 66 % à l'échelle nationale.
– Mais on voit déjà que l'herbe qui reste, elle est très importante, il y a beaucoup de matière organique alors que le champ d'en face, eh bien, c'est un désert, c'est un désert.
– Le champ d'en face, c'est votre voisin.
– C'est mon voisin, oui, et qui travaille en agriculture conventionnelle et, qui chaque année, je vois, malheureusement, sa terre qui, à chaque grosse pluie, part dans la rivière en-bas, se ravine, s'érode et progressivement les rendements chutent.
– Au sud de Tunis, Slim Zarrouk expérimente aussi une agriculture écoresponsable sur d'anciennes terres familiales, dans la ferme d'El Berima.
– Ce n'était pas un choix. J'ai eu un incendie ici, il y a huit ans de cela et puis à l'époque, je m'intéressais à la permaculture. Ce n'était qu'un verger de citronniers. Je me suis décidé de diversifier un peu et d'appliquer les principes de la permaculture. Et, c'est comme ça que ça a commencé. Donc ici, on a toutes les strates. On a la canopée avec cet arbre-là, c'est un arbre forestier.
– Un arbre sans fruits, mais qui sert à fixer l'azote du sol ou encore comme fourrage. Au pied de certaines cultures, des peaux de mouton, matière organique et paillage pour protéger le sol. Lui et Amine tentent de vivre des produits de leur ferme, en vendant directement aux consommateurs via l'association tunisienne de permaculture qui forme les Tunisiens souhaitant se lancer dans ce type d'exploitation. Lilia Blaise, Téboulba et Mornag, RFI.

« Face au manque d'eau, la permaculture gagne du terrain en Tunisie », Lilia Blaise, RFI, 28/09/2023

### Piste 25, entraînement au DALF C1, exercice 2
– Sarah Lemoine, *C'est mon boulot*. Un salarié sur deux estime que sa charge de travail est plus importante qu'avant la crise sanitaire. Ça fait beaucoup quand même... [...] Alors, quand on parle de charge de travail, on parle de quoi exactement ?
– Eh bien, on a posé la question à l'Anact, l'Agence nationale pour l'amélioration des conditions de travail. Et la réponse est plus complexe qu'elle n'y paraît. Dans la charge de travail, il y a trois dimensions à distinguer. La charge prescrite, c'est ce que le salarié doit faire. La charge réelle, c'est ce qu'il fait réellement, dans la vraie vie, avec les difficultés et les imprévus. Et puis la charge subjective, c'est la façon dont il ressent les choses. Or, depuis la crise sanitaire, eh bien beaucoup de choses ont changé ou sont en pleine accélération.
– Alors, donnez-nous quelques exemples.
– Eh bien l'hyperconnectivité avec le travail est désormais quasiment permanente, qu'elle soit mentale ou numérique. Elle est renforcée par le télétravail, hein, l'organisation hybride. Le flux d'informations ne cesse d'augmenter, avec une exigence d'immédiateté : il faut répondre tout de suite aux mails. Il y a plus de reporting, de process de contrôle, une hausse des projets transversaux. Et ça, ça pèse sur les salariés.
– Et ça, ça préoccupe les entreprises ?
– Oui, ce qui est intéressant c'est que l'Anact constate une hausse des appels depuis un an et demi, sur cette notion de charge de travail, c'est devenu le deuxième thème de consultation. Les entreprises réclament des formations, des outils pour la mesurer, la réguler. C'est devenu un objet prioritaire à traiter, à cause des incidences sur la

qualité du travail réalisé, l'attractivité et bien sûr la santé des salariés.
– Bon, on a le constat mais, c'est quoi la solution ?
– Bah il n'y a pas de baguette magique, affirme l'Agence nationale pour l'amélioration des conditions de travail. La charge de travail, c'est le résultat de l'équilibre entre ce travail prescrit, ce travail réel et ce travail vécu. Pour comprendre et agir, les entreprises doivent analyser ces trois dimensions, ouvrir des espaces de discussions, régulièrement, pas juste une fois par an, au moment de l'entretien annuel entre le salarié et le manager.

« C'est quoi la charge de travail ? », Sarah Lemoine, *C'est mon boulot*, France Info, 03/12/2023

**Piste 26, entraînement au DALF C1, exercice 3**
– Reportage inédit ce matin, en cette première semaine de l'année, vous nous emmenez sur un chantier d'insertion à Strasbourg ?
– Oui, un atelier réservé aux femmes, ouvert il y a tout juste un an par l'entreprise d'insertion Emi-Creno. Sur cette plateforme de 3 000 mètres carrés, on trie, on répare, on recycle des déchets ménagers ramassés dans la rue, et des matériaux du bâtiment. Michel Vié est le directeur général d'Emi-Creno : « Ces objets sont très variés. Il peut y avoir de l'électro-ménager, des vélos, tout ce qu'on veut, pas forcément en très bon état. Donc on va essayer au maximum de les réparer pour les réemployer, et, en tous cas, de recycler les matières premières, pour éviter de tout passer par l'incinération, en fait. » 35 femmes au parcours de vie souvent difficile travaillent ici. [...] L'un des grands principes de l'atelier, c'est que les salariées, qui sont souvent des mères isolées, choisissent leurs horaires de travail, pour pouvoir mener de front vie de famille et professionnelle :
« – Je peux vous interrompre ?
– Oui, bonjour !
– Votre prénom, c'est ?
– Yasmina, j'ai 46 ans. Je travaillais avant comme coiffeuse. Et j'ai des enfants, et c'est pour ça… je cherchais des heures ça m'arrange bien. À partir de 9 heures jusqu'à 15 heures, donc après je vais chercher mes enfants. C'est parfait. [...] On n'est pas stressées, on travaille librement, comme on dit ! Notre chef il est adorable ! [...] Ah le chef il est sympa. »
« – Je m'appelle Georges Ribeiro, je suis encadrant technique au chantier d'insertion Emi-Creno.
– Donc c'est vous le chef sympa ?
– Il paraît ! Elles me disent qu'elles ont un impact sur la société, sur l'environnement. Beaucoup d'elles sont mamans et elles me disent : 'Je fais aussi ça pour mes enfants'. Le recyclage, la seconde vie des objets est une chose importante, et elle s'inscrit parfaitement dans ce domaine-là, elles apportent une pierre à l'édifice et se retrouvent dans la société qui auparavant ne leur appartenait pas, elles s'identifiaient pas, elles étaient pas responsables de ce qu'elles pouvaient faire. »
– Le contrat d'insertion dure deux ans maximum, pendant lesquelles ont lieu des formations, un suivi psychologique et administratif. Le but étant, bien sûr, qu'elles trouvent un emploi durable.

« Dans cet atelier d'insertion, les femmes choisissent leurs horaires de travail », Cécile Bidault, *Esprit d'initiative*, France Inter, 03/01/24

# Unité 7

**Piste 27, leçon 1, exercice 4**
– Dans le prétoire ce matin, on s'installe au tribunal de Bobigny dans l'une des deux salles d'audience consacrées aux comparutions immédiates et ici, la justice, notamment dans la 17e chambre, la justice surchargée se rend encore et toujours au pas de course.
– Sur le mur, la pendule cassée indique midi, il est en fait 13 h 20. La sonnerie retentit pour annoncer le début de l'audience. Sous la lumière blafarde des néons, la salle est remplie, les visages fermés et la présidente prévient d'emblée : « Vu la charge de l'audience, il n'est pas impossible que des dossiers soient renvoyés. Il est hors de question », insiste-elle, que « le tribunal juge des gens à 2 heures du matin, que ce soit pour les victimes, les prévenus, les avocats. » 2 heures du matin, c'est pourtant l'heure à laquelle s'est achevée l'audience la veille. Aujourd'hui, il y a 12 affaires à juger. C'est le maximum et c'est déjà trop dans ce temps très contraint. Pas une minute à perdre. Quand un avocat tarde, alors que démarre l'examen de son dossier, la présidente s'agace.
« – Bon il est où là ?
– Il plaide devant la 18e chambre », répond l'huissière chargée d'orchestrer cette partition millimétrée. L'avocat en question finit par arriver en courant.
« – Merde, et l'interprète en langue roumaine, il fait quoi ? C'est bon, il est bien là… »
Les prévenus défilent. Il y a ce jeune homme de 21 ans, emmitouflé dans une doudoune sombre. Il s'est fait arrêter au volant d'une voiture. Or, son permis lui avait été retiré.

« – Franchement, c'est une erreur de ma part », tente-t-il. « J'étais avec ma copine… sur le moment, j'ai pas pensé.
– Vous étiez aussi positif au cannabis ?
– Je sais, c'est une addiction », répond le prévenu, mine contrite.
Il y a aussi cet homme de 40 ans, visage émacié, surpris en train de voler des chaises de plage, une poussette, un cric et une tente dans une voiture dont la vitre a été brisée. Ou encore ce trentenaire jugé pour violences conjugales. Sa femme est là, énormes hématomes autour de l'œil. C'est l'hôpital qui a fait un signalement. Avant de se confier, la victime d'abord dit être tombée dans l'escalier. Lui, minimise : « Je voulais pas faire ça, je l'aime. »
– Et pendant ce temps, l'heure tourne, Lorélie Carrive ?
– Il est 18 heures. La présidente fait les comptes : « Vu l'heure, le tribunal ne pourra pas juger les six derniers dossiers à une heure digne », lance-t-elle. Sur les bancs en bois, quelqu'un souffle de dépit. Une avocate annonce à sa cliente que l'affaire, dans laquelle elle est partie civile, va être renvoyée. La jeune femme fond en larmes. Son conjoint apparaît, quelques instants plus tard, dans le box. Il est accusé de messages malveillants réitérés (700 appels en tout). Lui aurait voulu être jugé aujourd'hui : « Ce ne sera pas possible, monsieur », l'informe la présidente désolée. L'affaire est renvoyée au 31 janvier. D'ici là, le prévenu est placé en détention provisoire. Le même sort attend le dossier suivant. L'avocate tente de protester : « On avait tout préparé… ». Peine perdue. Rendez-vous est fixé au 26 juin. Encore quelques dossiers. Puis 23 h 30, l'audience s'achève enfin. La pendule, elle, indique obstinément midi, figée dans ce temps qui manque parfois si cruellement à la justice.
– Lorélie Carrive du service police justice de France inter.

« Aux comparutions immédiates de Bobigny, une justice au pas de course », Lorélie Carrive, *Dans le prétoire*, France Inter, 19/01/2024

### Piste 28, leçon 2, exercice 4
– Bonjour Cécile Bidault.
– Bonjour Mathilde.
– Vous nous emmenez d'abord à Amiens découvrir une structure qui œuvre pour la réinsertion d'anciens détenus.
– Oui, depuis plus de cinq décennies, l'Îlot se développe autour d'un objectif : réinsérer dans la société pour éviter la récidive. Aujourd'hui, l'association accompagne plus d'un millier de personnes par an, les aident à se loger, se former, trouver un emploi, sur plusieurs sites en France, notamment à Amiens.
– T'as un cutter à côté de toi, Paulo.
– Je sais pas, il est sur le siège-là. C'est bon ? Il faut juste que je coupe un petit bout du coup qui dépasse.
– Nous sommes dans l'atelier carrosserie. Un client a déposé sa voiture de collection pour une restauration complète. Trois salariés en insertion s'y attellent avec minutie.
– Gaëtan, je peux vous parler deux minutes avant que vous passiez à l'autre porte ?
– Bien sûr, madame.
– Vous étiez en train de faire quoi là ?
– On est en train de refaire les joints de la portière. Moi, j'apprends, je suis en découverte, moi, madame.
– Vous avez quel âge ?
– Moi, j'ai 33 ans. J'ai fait beaucoup de détention. J'ai fait 10 ans en plusieurs peines. Ça faisait un moment que j'avais pas touché le monde du travail, parce que quand on sort, on est souvent en sortie sèche, alors que là, quand même, j'ai été poussé. C'est là qu'on voit qu'on a changé, en fait, qu'on est quelqu'un, j'ai envie de dire. Je suis vraiment fier.
– Donc la détention s'est finie ?
– C'est derrière moi, je suis lancé.
– À l'Îlot, le suivi est serré, assuré par des conseillers en insertion et des encadrants techniques comme Florian Fournier, carrossier de métier.
– Peu importe ce qu'ils ont fait avant. Moi, je ne veux pas le savoir. Comme ça, y a pas à se dire qu'on peut les juger par rapport à ce qu'ils ont fait avant. J'ai un monsieur qui sortait de prison donc qui n'était pas du tout du métier, une dame aussi. Ces deux personnes, j'ai réussi à leur trouver un patron en carrosserie peinture, en l'espace de six mois, et actuellement, ils sont embauchés, CDI. Ils ont tourné la page, c'est ça, et donc, c'est là que nous, on est fiers et on est contents, puisque c'est mission accomplie.
– Alors que selon les chiffres du ministère de la Justice, un tiers des anciens détenus sont de nouveaux condamnés l'année suivant leur libération, les chiffres de l'Îlot parlent d'eux-mêmes. L'an dernier, 62 % de personnes sont sorties avec un emploi ou une formation. Ludovic Gorez, responsable d'établissement des ateliers de l'Îlot.
– On vous prive de liberté quand vous arrivez en détention. Ici, vous devez apprendre ce qu'est à nouveau l'autonomie et ce que l'on fait de cette liberté. Si demain, vous avez un emploi, que votre situation est stabilisée, la récidive sera forcément

éloignée puisque le seul modèle que vous pouviez connaître sera remplacé par quelque chose de beaucoup plus positif.
– L'accompagnement peut même commencer à l'intérieur de la prison, ou en dehors, quand la peine est purgée avec un bracelet électronique, par exemple. Les métiers, enseignés ici, offrent des débouchés comme la cuisine, le maraîchage ou encore la mécanique auto. Michel a 43 ans.
– J'ai pu remettre le pied à l'étrier avec un logement, tout ça et ça fait vraiment plaisir d'être aidé, quoi. On se sent revivre, quoi. On est reboosté. C'est comme une petite famille ici. On s'entend tellement bien qu'on est content de venir travailler.
– Ce public qui a eu ou a affaire avec la justice représente la moitié des effectifs, l'autre étant simplement un public éloigné de l'emploi.
– L'association de réinsertion l'Îlot à Amiens, c'était *L'esprit d'initiative* de Cécile Bidault.

« Aider d'anciens détenus à ne plus être emprisonnés par la récidive », Cécile Bidault, *L'esprit d'initiative*, France Inter, 05/02/2024

### Piste 29, leçon 3, exercice 4
– 07h48, grand angle interview, grand angle reportage. On parle de la justice restaurative ce matin. La mairie de Limoges, le Secours Catholique, le service pénitentiaire d'insertion et de probation de la Creuse et de la Haute-Vienne cherchent, en fait, des volontaires pour accompagner des personnes sorties de prison après une longue peine. On appelle cela un cercle de soutien et de responsabilisation. Mickael Chailloux.
– Dix bénévoles sont recherchés pour fonder ces cercles dont voici le déroulé précisé par la directrice adjointe du SPIP de la Creuse et de la Haute-Vienne, Hélène Tèche.
– Les cercles se réuniront, une fois par semaine, dans une salle municipale, en présence donc de quatre bénévoles, pour un cercle, complétés par deux coordonnateurs. Et ce sera l'occasion, pour la personne détenue, de débriefer sur sa semaine, de faire un point sur l'ensemble des démarches qu'elle aura réalisées et de se projeter sur la semaine suivante.
– Pour cela, les bénévoles doivent avoir certaines qualités.
– Des capacités d'écoute, de la disponibilité, des limites personnelles claires dans leur construction.
– Des qualités que ces volontaires affineront lors d'une session de formation à la mi-janvier. Ce procédé, qui fonctionnera pour des détenus qui sortiront de longues peines, est très important pour la réinsertion, précise Hélène Tèche.

– Ça vient également accompagner des profils qui sont généralement isolés, sans soutien familial après une longue période d'incarcération où les repères extérieurs sont perdus. Je dirais que c'est un sas qui permet cet accompagnement et cette écoute pendant une durée de quatre, six mois pour permettre la réinsertion des personnes qui sortent de détention la paix.
– L'appel à candidature est lancé jusqu'à la mi-décembre.

« Justice restaurative : des volontaires sont recherchés pour accompagner des personnes sorties de prison après une longue », Mickael Chailloux, *Le grand angle*, France Bleu Limousin, 11/12/2023

### Piste 30, entraînement au DALF C1, exercice 1
– D'où vient notre sens de la justice ? J'adorerais répondre que l'équité, la rectitude, le respect du bien commun se logent dans notre cerveau le plus rationnel, quelque part entre le théorème de Pythagore et le mode d'emploi du lave-linge. Ce serait un sens de la justice carré, réfléchi, posé, tout en nuances, tout en mesure. Mais dans les faits, comment dire ? J'ai l'impression que notre sens de la justice appartient plus au royaume du corps qu'à celui de l'esprit. [...] Bonjour, Léo Fitouchi.
– Bonjour.
– Vous êtes doctorant à l'Institut Jean Nicod et à l'École normale supérieure – PSL. Vos recherches portent sur la normativité humaine. Vous essayez de comprendre pourquoi notre cerveau produit des jugements moraux. Pour commencer, est-ce que vous pourriez nous donner une définition du sens de la justice, en quarante secondes ?
– Ok. Très intuitivement, par sens de la justice, on parle des mécanismes cognitifs ou des mécanismes psychologiques dans le cerveau humain qui produisent des jugements sur le fait que certains comportements sont moralement inacceptables. Donc, c'est typiquement des représentations sur le fait que le meurtre, le vol, le fait de pas respecter une parole qu'on a donnée, etc., sont des choses qui sont moralement inacceptables parce qu'elles violent les droits de certains individus. Et donc, notre cerveau nous donne un peu des intuitions sur ce genre de normes qu'on doit respecter. Et comme vous l'avez dit, ces intuitions, elles sont de l'ordre vraiment du limite de l'émotionnel. C'est-à-dire elles ont pas... elles ont pas un côté délibératif et réflexif qu'on peut avoir dans le raisonnement mathématique ou dans le raisonnement des philosophes moraux, par exemple. C'est rarement des choses auxquelles on n'a pas accès aux mécanismes... euh... dont on n'a pas accès aux

mécanismes qui les produisent et qui juste arrivent dans notre conscience. On a simplement cette intuition que ce comportement est mal. Et donc voilà c'est les... ces mécanismes-là qui produisent ces jugements moraux dont on parle quand on parle du sens de la justice.
– En quarante secondes, vous avez été hyper efficace. Alors, moi, j'ai lu que les primates ont le sens de la justice, mais vous, vous dites que les bébés l'ont.
– Oui, alors sur les primates, il y a un débat entre les éthologues, ce sera un peu long de rentrer là-dedans. Il y a des expériences qui suggèrent que y a un peu de proto-morale chez certains primates. Moi, je pense comme, parce qu'il y a beaucoup d'expériences plus récentes qui suggèrent que c'est assez différent de ce qu'on a chez l'homme. Chez les bébés, en revanche, il y a quand même des bonnes raisons de penser que cette capacité à produire des jugements moraux, donc des jugements de justice, elle est en quelque sorte précâblée et elle a l'air d'apparaître quand même chez les enfants, assez tôt. Donc, les expériences classiques, c'est essentiellement des trucs où on montre à des enfants une marionnette qui va faire une distribution injuste de ressources entre deux autres individus et on a une réaction négative. On a l'air d'avoir une réaction négative de la part des enfants, même assez tôt...
– Et les petits enfants ils rendent la marionnette à la personne qui a été lésée.
– Voilà, alors, ça dépend des expériences. Dans certaines, par exemple, c'est le cas, dans d'autres expériences, simplement, ils vont pas vouloir interagir avec la marionnette qui a été injuste et préférentiellement interagir avec des marionnettes qui ont fait une distribution équitable. Après, je pense qu'il faut pas mettre trop d'importance dans ce genre d'expérience. Premièrement, parce que on n'est pas encore sûr de si elle réplique. Ça veut dire on n'est pas encore sûr de si, à chaque fois qu'on la refait, on a les mêmes résultats. Et aussi parce que c'est probablement pas le meilleur argument, selon moi, pour penser que le cerveau humain est précâblé pour générer des jugements moraux, parce qu'il y a plein de trucs qui sont biologiquement préparés et qui sont pas présents à la naissance. Le fait d'avoir des dents, c'est biologiquement préparé et causé, et à la naissance, vous n'avez pas de dents. Ou le fait de marcher. Par ailleurs, l'espèce humaine, une prédisposition biologique à marcher, mais on ne marche pas tout de suite. Donc, selon moi, c'est pas ça l'argument fondamental, c'est pas la précocité

du développement qui détermine la force de la preuve sur le fait qu'il y ait un sens de la justice inné chez l'humain.
– Donc, on a des prédispositions, mais ensuite, ça interagit avec l'environnement ?
– Oui, bien sûr. Alors, oui, ce qu'il faut bien comprendre, c'est que l'idée qu'il y a un mécanisme cognitif, qui est précâblé dans le cerveau humain pour produire des jugements moraux et de justice, elle n'est pas du tout incompatible avec le fait qu'il y a besoin d'un *input*, d'une entrée, d'une information environnementale pour que ce truc-là se développe...
– Ça c'est la famille ou la société, ou les fictions, ou les religions ?
– Ça peut. Ça peut, alors typiquement le truc auquel on pense c'est typiquement la famille ou les religions, parce que c'est le genre d'institutions sociales dans les sociétés humaines qui passent leur temps à essayer de nous apprendre des normes morales. Mais ça peut être simplement le fait de baigner dans un monde où on perçoit les normes implicites. Mais l'important, c'est de comprendre que ça, c'est pas incompatible avec le fait que le cerveau est préparé pour générer les jugements moraux. Une bonne analogie : si c'est le langage, par exemple, c'est évident que la langue que vous parlez, elle dépend de la langue qu'on a parlé autour de vous quand vous étiez petit et qu'en fonction de la langue que vous parlez, vous allez parler français ou anglais, en fonction de ce à quoi vous avez été exposé, mais en même temps, vous avez beau parler français à une autre espèce, à un chien, pendant très longtemps, il va pas se mettre à parler français. Il faut qu'il y ait un mécanisme cognitif dans le cerveau, déjà de l'espèce, qui puisse... qui est fait pour recevoir cette information et pour développer une compétence à partir de l'entrée, de l'input qu'on donne au mécanisme.
– Mais ce que vous dites, c'est que, contrairement à la langue, eh ben on va avoir des similarités dans les jugements moraux partout dans le monde.
– Excellent, voilà, c'est la différence fondamentale entre les... Après, il y a des gens qui disent qu'il y a des universaux dans les langues, mais je suis pas spécialiste. Une propriété des jugements moraux dans toutes les cultures, c'est que, à travers l'essai... Donc, une propriété importante des jugements moraux, c'est que, malgré leur variabilité, on retrouve, quand on fait de l'anthropologie quantitative, donc quand on compare plein de sociétés différentes, que ce soit des chasseurs-cueilleurs ou des sociétés agricoles, ou des sociétés

industrielles comme les nôtres, des régularités dans les normes morales qui sont valorisées par les gens. Donc typiquement, des normes qui reviennent, c'est la réciprocité, donc le fait que on doit... c'est juste, c'est moralement obligatoire, d'aider quelqu'un, en retour, quelqu'un qui vous a aidé dans le passé, ou que le fait d'aider votre famille, c'est moralement valorisable, plutôt que d'infliger des coups à votre famille, ou d'aider votre groupe, ou respecter certaines autorités quand elles sont légitimes, dans toutes les sociétés humaines. On a l'air d'avoir ce genre de normes morales qui se développent, malgré le fait qu'on a l'impression que la morale, c'est quelque chose qui varie en fait à travers les cultures. Il y a des universaux dans les normes de justice à travers les sociétés.
– Et pourquoi est-ce qu'on a autant de mal à appliquer ce sens de la justice, aux animaux, par exemple ?
– Alors ça, c'est une bonne question. Je n'ai pas la réponse. Mais une réponse potentielle, c'est que le sens de la justice chez l'humain, il a évolué pour réguler la coopération humaine. Donc ça, c'est un défi...
– On est d'abord entre nous et ensuite on verra pour les autres espèces ?
– En fait, la fonction dans l'évolution humaine du sens de la justice, c'est quelque chose qui est, qui se passe à l'intérieur de l'espèce, c'est réguler la coopération réciproque entre les humains. Donc, dans toutes les sociétés humaines, les humains dépendent énormément de la coopération réciproque pour survivre et se reproduire, donc, typiquement dans les sociétés de chasseurs-cueilleurs quand vous êtes malade, on va vous aider si vous ne pouvez pas produire les ressources vous-même, à condition que la prochaine fois, quand la personne qui vous a aidé sera malade, vous allez l'aider, etc. Et donc la raison pour laquelle notre sens de la justice a évolué, c'est probablement pour nous...
– ... pour survivre.
– Ouais, survivre et se reproduire. C'est ça, en général, le sens de la...
– Et ça veut dire que peut-être que maintenant qu'on va dépendre de la planète et de comment elle va, et de comment on arrive à respecter le vivant, on va aller vers de la justice vers d'autres êtres vivants, pour survivre là aussi ?
– Alors, c'est possible. Après le problème... Enfin, c'est possible que ce soit le cas. En revanche, l'évolution, elle va très lentement. Donc, probablement que l'évolution biologique a pas le temps de... On a encore un cerveau de..., ce qu'on va dire, en général, c'est qu'on a encore un cerveau de chasseurs-cueilleurs du pléistocène en gros, c'est-à-dire que notre cerveau, les mécanismes cognitifs qu'on a, le langage, la mémoire, la morale, c'est des mécanismes cognitifs qui ont évolué dans les sociétés de chasseurs-cueilleurs, qui étaient représentatives des centaines de milliers d'années d'évolution humaine et si l'environnement change très rapidement dans les prochaines années, ça ne va pas avoir d'effet sur... en tout cas par l'évolution biologique, sur notre psychologie.
– D'accord, donc, il faut qu'on fasse passer notre cerveau de chasseurs-cueilleurs – ou de chasseuses-cueilleuses d'ailleurs, dans cette pièce ici – à un cerveau qui serait capable de comprendre l'entièreté du vivant. Et là on sera vraiment dans une justice globale.

« D'où vient notre sens de la justice ? », Maïa Mauraurette, *La question qui*, France Inter, 06/11/2023

# Unité 8

**Piste 31, leçon 1, exercice 4**
– *L'édito politique*, Renaud Dély. Emmanuel Macron a officialisé hier la future panthéonisation du résistant arménien Missak Manouchian.
– Oui, Marc. Une annonce intervenue donc le 18 juin, jour anniversaire de l'appel à la résistance du général De Gaulle. Un événement commémoré hier, comme chaque année, par le chef de l'État au mont Valérien. Précisément le site où Missak Manouchian et ses vingt-et-un camarades ont été fusillés par les Allemands le 21 février 1944. Sa dépouille sera d'ailleurs transférée au Panthéon, quatre-vingts ans plus tard, le 21 février prochain. Il sera aussi accompagné de son épouse Mélinée. Et l'Élysée salue donc l'héroïsme de ce résistant arménien et de tous ses compagnons d'armes étrangers : espagnols, italiens, juifs d'Europe centrale. Et l'Élysée souligne, je cite, que le sang versé pour la France a la même couleur pour tous.
– C'est un choix lourd en symboles.
– Eh oui, Marc, comme pour toute panthéonisation d'ailleurs. C'est à la fois, un hommage posthume de la République à une grande figure historique donc au passé, et puis l'illustration d'un message politique contemporain que veut délivrer le chef de l'État. Or aujourd'hui, à une époque où une sorte de double hystérie identitaire nourrie à la fois la progression de l'extrême droite un peu partout en France et en Europe, et puis la réaction d'une gauche radicale qui exalte

références ethniques et replis communautaires, eh bien panthéoniser Manouchian, c'est desserrer en quelque sorte cette tenaille identitaire et ressusciter l'universalisme républicain. Peu importe d'où venaient les résistants, leur nationalité, leur religion, tous combattaient pour les mêmes idéaux démocratiques de liberté. Et ce message universaliste imprégnait d'ailleurs aussi à l'entrée au Panthéon, il y a deux ans, de Joséphine Baker, résistante française d'origine américaine.
– Ce sont des choix qui sont toujours consensuels ?
– Oui, c'est d'ailleurs ce qui explique l'incertitude qui règne toujours autour du sort de l'avocate féministe Gisèle Halimi. Un choix qui est contesté par certains en raison de son soutien à des combattants du FLN durant la guerre d'Algérie. À l'inverse, on se souvient que le quatuor de résistants honoré par François Hollande : Pierre Brossolette, Germaine Tillon, Geneviève Antonioz-de Gaulle et Jean Zay, ou encore les figures d'Alexandre Dumas et d'André Malraux qui elles avaient été choisies par Jacques Chirac, eh bien que ces figures-là disaient quelque chose des mandats respectifs de ces deux présidents. Comme la décision d'ailleurs de François Mitterrand de reprendre le cours de ces cérémonies, de ces panthéonisations, qui avaient été interrompues pendant près de vingt-cinq ans. Il faut dire que François Mitterrand avait aussi innové en entrant, lui-même, au Panthéon de son vivant, au premier jour de son premier mandat.
– C'était *L'édito politique* de Renaud Dély.

« Emmanuel Macron a officialisé dimanche la future panthéonisation du résistant arménien Missak Manouchian », Renaud Dély, *L'édito politique*, France Info, 19/06/2023

**Piste 32, leçon 2, exercice 4**
Les Français, dit-on, ont le goût de leur patrimoine. Le phénomène n'a rien d'une nouveauté et se vérifie, cette année encore, à l'occasion des Journées européennes du patrimoine. Depuis 1984, chaque édition de cet événement voit les mêmes foules se masser devant les bâtiments historiques, ordinairement fermés au public. Mais les bâtiments historiques ne sont pas tout. D'autres formes de patrimoine suscitent l'engouement, et ce, tout au long de l'année, sans prétexte de date spécifique. Depuis 2003, l'Unesco reconnaît un patrimoine culturel et immatériel, depuis le 17 octobre 2003, pour être précis. C'est ce jour qu'est adoptée la Convention pour la sauvegarde du patrimoine culturel immatériel. Ce texte est articulé autour d'une idée, la notion de patrimoine mondial, qui était déjà reconnue par la Convention de 1972 et qui avait permis le classement de quantités de sites historiques et naturels. Cette notion devait s'élargir pour englober les créations de l'esprit et des cultures du monde. Les savoirs, les techniques, les traditions, les danses, les chants devaient aussi pouvoir être reconnus. Cette demande étant particulièrement portée et relayée par les pays du Sud. Au fil des années, ce travail de classement ne va pas sans quelques critiques. C'est la loi du genre, pas de réel moyen dédié à la sauvegarde de ce patrimoine immatériel sauf pour les pratiques inscrites sur la liste de sauvegarde urgente. Les spécialistes pointent aussi une certaine folklorisation qui serait encouragée par ces nouveaux classements, qui auraient pour effet de figer des coutumes, par essence vivante et sujette à évolution constante. Quoi qu'il en soit, cette année 2023 marquent les 20 ans de l'adoption de cette convention et cet anniversaire est l'occasion de se pencher sur ses savoirs et ses traditions. C'est tout le propos de cette nuit, sur l'antenne de France Culture, une nuit qui se limitera aux traditions reconnues par l'Unesco en France. Avec, pour commencer, un débat autour du repas gastronomique des Français, mais aussi une évocation des savoir-faire artisanaux et de la culture de la baguette de pain. La gastronomie n'est pas tout, bien sûr, il sera aussi question, dans cette nuit, de chants et de danse avec une émission sur le gwoka qui est indissociable de la culture guadeloupéenne. Vous entendrez également le groupe de chants polyphoniques corses a Filetta et une rétrospective sur la tradition du fest-noz en Bretagne. Derniers aspects de ces patrimoines immatériels français, les savoirs et les techniques traditionnelles qui seront abordés dans deux émissions autour du compagnonnage et des techniques de fabrication en pierre sèche, dans la région de Cahors. Il y aura bien sûr ces prochains mois et ces prochaines années d'autres occasions de se pencher sur le patrimoine culturel et immatériel, bien au-delà des frontières de l'Hexagone, mais pour l'heure, place donc aux traditions, aux coutumes et aux savoir-faire français reconnus par l'Unesco. Patrimoines immatériels de France, c'est tout de suite et jusqu'à 7 heures du matin sur France Culture.

« Patrimoines immatériels de France – Présentation », Antoine Dhulster, *Les Nuits de France Culture*, France Culture, 17/09/2023

**Piste 33, leçon 3, exercice 4**

Bonjour ! Plusieurs procès récents ont mis en avant des cas d'esclavage moderne en France. Prenons garde, cependant, à ne pas galvauder ce terme. La précarité, les horaires atypiques, le stage non rémunéré, la dépendance à une machine qui vous dit quoi faire dans un entrepôt, ce n'est pas de l'esclavage moderne. Juridiquement, on parle de traite des êtres humains. Cette infraction n'est rentrée dans le code pénal français qu'en 2013 et depuis, les syndicats l'utilisent avec parcimonie. « Il en va de notre crédibilité », explique Marilyne Poulain, responsable du collectif immigration à la CGT Paris. « Quand des sans-papiers sont exploités par un employeur », dit-elle, « ce n'est pas forcément de la traite des êtres humains ». Les cas, qui sont jugés en ce moment, l'illustrent. Pour qu'on puisse parler d'esclavage, il faut qu'il y ait, en plus du salaire de misère ou du non-salaire, un lien entre la victime et l'oppresseur qui relève de la propriété. Une action de transfert de recrutement par la menace ou la force, un peu comme si la victime ne s'appartenait plus. Elle est privée de liberté, surveillée, ses papiers confisqués, elle est sous l'emprise de son oppresseur, dépendante de lui pour son hébergement ou parce qu'elle lui doit de l'argent.

Les statistiques sur le sujet sont lacunaires au niveau mondial. En France, elles sont indigentes, relevait, il y a trois ans, la commission nationale consultative des droits de l'homme. Depuis, il y a quand même un mieux. En juin dernier, l'Observatoire national de la délinquance et des réponses pénales a publié un rapport sur les victimes de traite des êtres humains suivies par les associations en 2015. Treize associations ont déclaré suivre 1 800 victimes, 9 sur 10 sont des femmes. Sur ces 1800 victimes, 1 476 sont victimes d'exploitation sexuelle, 185 de servitude domestique, 80 de travail forcé, 66 victimes de contrainte à commettre des délits et 13 de mendicité forcée. Mieux connaître le problème, c'est déjà bien, condamner les esclavagistes, ce serait mieux. Or, les condamnations pour traite des êtres humains sont encore rares, 71 en 2015, et elles concernent surtout des cas de proxénétisme. Pour l'exploitation par le travail, les associations notent que la justice retient plus facilement l'inculpation pour travail dissimulé, conditions de travail et d'hébergement indignes ou aide au séjour irrégulier. Est-ce un déni de réalité ? La préférence à s'engager dans une infraction dont les preuves seront plus faciles à rassembler ? La méconnaissance du nouvel arsenal pénal ? Ou est-ce une réticence à voir la personne plaignante recevoir, comme elle en a le droit si elle porte plainte pour traite des êtres humains, un titre de séjour d'un an ? Un peu tout cela à la fois pour les associations spécialisées sur ce sujet, qui admettent cependant que l'on progresse. Depuis la dernière bulle économique, consacrée à ce sujet, il y a d'ailleurs eu une grande avancée. Le 8 février dernier, le gérant d'un salon de coiffure de Strasbourg Saint-Denis, à Paris, a été condamné à trois ans de prison dont un ferme pour traite des êtres humains. C'est la première fois que cette infraction est retenue pour une exploitation par le travail en France. Mieux encore, le jugement rendu confirme qu'il n'est pas nécessaire d'avoir déplacé les travailleurs, dix-huit coiffeuses en l'occurrence, pour qu'il y ait traite. Les avoir recrutées sur place suffit. Cela fera jurisprudence et tous ceux qui suivent ces questions s'en félicitent. Reste maintenant à poursuivre la formation des policiers qui reçoivent les victimes, des inspecteurs du travail qui visitent les entreprises, des magistrats qui enquêtent et jugent. Cette formation est en cours. Elle est assurée notamment par la MIPROF, une mission interministérielle créée en 2013. On attend, dans les semaines qui viennent, son nouveau plan d'action. En espérant que sa publication ne passe pas inaperçue et donne encore plus de visibilité à cette réalité contemporaine si dérangeante.

« L'esclavage en France de moins en moins invisible »,
Marie Viennot, *La Bulle économique*, France Culture,
17/02/2018

**Piste 34, entraînement au DALF C1, exercice 2**

– Bonjour Max !
– Bonjour Jean-Baptiste ! Bonjour à toutes et à tous !
– Ce matin vous nous rappelez que le cinéma et les jeux vidéo peuvent être une belle porte d'entrée pour découvrir des œuvres d'un passé lointain, très très lointain.
– Oui, car ce matin je vous parle de l'*Épitaphe de Seikilos*, qui serait la partition complète la plus ancienne qui soit parvenue jusqu'à nous. [...] C'est un air qui nous vient de loin, de très loin. En 1833, le chimiste britannique Sir Williams Ramsey est en Turquie et participe à la construction d'une ligne de chemin de fer, non loin de la ville d'Aydin, près de la mer Égée. Un jour, la terre soulevée révèle une colonne de marbre pas très imposante mais extrêmement bien conservée. Des mots sont inscrits sur les deux faces du monument. Sur la première face on peut lire ceci : « La pierre que je suis est une image. Seikilos me place ici, Signe immortel d'un souvenir éternel. » [...]

Cette colonne est donc une stèle dressée à la mémoire d'un certain Seikilos. Sur la deuxième face de la colonne on peut lire d'ailleurs cette mise en garde : « Tant que tu vis, brille ! Ne t'afflige absolument de rien ! La vie ne dure guère. Le temps exige son tribut. » Chose étonnante, ces mots, dont la graphie très particulière nous indique qu'ils datent du IIe siècle après Jésus-Christ, sont accompagnés de symboles évoquant des notes musicales avec des hauteurs et des durées précises. L'*Épitaphe de Seikilos* nous chante donc cette mélodie. […]

Cette mélodie d'une trentaine de secondes serait la plus ancienne partition complète du monde et vous l'avez peut-être déjà entendue chantée par l'empereur Néron qui s'en approprie la paternité dans le film *Quo Vadis* de Mervyn LeRoy sorti en 1951. […]

Mais cette mélodie vous est peut-être familière si, à la différence de Néron, vous n'incendiez pas des villes mais en construisez dans la série de jeux vidéo *Civilization*. Dans ce jeu de stratégie et de gestion où vous devez fonder un empire, les personnages de Périclès ou d'Alexandre le Grand sont accompagnés par les notes de l'*Épitaphe de Seikilos*, quand ils s'adressent à vous. […]

Un thème que l'on retrouve aussi chanté dans un temple par un chœur d'adorateurs de la déesse Athéna dans le jeu vidéo *Assassin's Creed Odyssey*. Et ce thème on peut même l'entendre dans l'un des jeux vidéo les plus joués au monde : *Minecraft* et son extension *Greek Mythology*… Preuve s'il en est que cette chanson de Seikilos est l'hymne officieux de l'Antiquité grecque !

« La plus vieille partition du monde dans *Minecraft* et *Assassin's Creed* ? », Max Dozolme, *MAXXI Classique*, France Musique, 13/10/2023

### Piste 35, entraînement au DALF C1, exercice 3

– Et Camille, aujourd'hui, vous avez mis la tête dans les étoiles !

– Oui, avec, tenez-vous bien, une archéologue galactique. Ce n'est pas qu'un nom fascinant, c'est un vrai métier, celui d'Alejandra Recio-Blanco, arrivée de son Espagne natale ici à Nice, il y a bientôt vingt ans.

– Oui, vous pouvez dire que je suis une archéologue galactique, puisque le but de mon travail est de reconstruire l'histoire de formation et d'évolution de notre Galaxie, la Voie lactée. Et donc, pour cela, et j'utilise les étoiles comme des fossiles…

– Des fossiles, oui, vous avez bien entendu ! Parce que les deux cents milliards d'étoiles de la Voie lactée renferment l'histoire de sa formation et, par extension, de la formation de l'univers.

– Les étoiles de la Voie lactée ont des âges très divers. Certaines sont aussi vieille que notre Galaxie, treize milliards d'années, et d'autres sont beaucoup plus récentes, nées dans le disque galactique, dans les derniers millions d'années. Et donc, en étudiant ces différentes générations d'étoiles, de quoi elles sont faites, d'où elles viennent, comment elles bougent, on peut comprendre, essayer de comprendre, comment notre Galaxie s'est formée comme elle est arrivée à être ce que nous voyons aujourd'hui. […]

– Voilà. Parce qu'il se passe plein de trucs, en fait, dans la Voie lactée. Même le Soleil aurait migré du centre de la Galaxie vers un coin un peu plus extérieur, on va dire. Ça bouge, quoi !

– On pensait, il y a dix ans notamment, que son histoire était ennuyeuse parce que assez isolée dans l'univers. Il y a des galaxies qui sont dans des coins de l'univers beaucoup plus mouvementés que la nôtre. Et, grâce au satellite Gaia, nous avons pu constater que ce n'est pas le cas, que notre Voie lactée est aujourd'hui en interaction avec son environnement.

– Elle avale des galaxies, par exemple ?

– Elle est en train d'avaler des galaxies. […]

– Message reçu. En parlant de message d'ailleurs, Alejandra Rocio-Blanco, qui s'est passionnée pour les étoiles quand elle avait dix ans, en a un autre, au passage. […]

– Je dis aujourd'hui aux petites filles : « Si vous aimez la science, allez-y ! Poursuivez vos rêves ! »

– D'autant qu'il y a encore beaucoup de travail. Deux milliards d'étoiles de la Voie lactée, soit un pourcent du total, sont en train d'être analysées grâce à Gaia. Et pour l'instant un catalogue de six millions de ces étoiles est sorti. Donc, une goutte d'eau, même si c'est quand même déjà beaucoup six millions. […]

« Profession : archéologue galactique ! », Camille Crosnier, *Camille passe au vert*, France Inter, 27/11/2023

# Unité 9

### Piste 36, leçon 1, exercice 3

– Il est 07 h 49, Sonia Devillers, vos invités, ce matin, sont la réalisatrice et l'interprète du film *Little Girl Blue* qui sort la semaine prochaine.

– Mi-documentaire, mi-fiction, Nicolas, pour retracer la dinguerie, les errances, les souffrances d'une écrivaine française qui a grandi avec le Tout-Paris littéraire. Elle s'appelait Carole Achache, elle

s'est suicidée en 2016 sans laisser de mot au beau milieu de ses livres. Mais quel était ce fantôme qui la hantait ? Cette femme, c'est votre mère. Mona Achache, bonjour.
– Bonjour.
– Cette femme, c'est le personnage que vous interprétez, Marion Cotillard. Bonjour.
– Bonjour.
– Mona Achache, vingt-cinq caisses de lettres, de photos, d'enregistrements, de vieux agendas. Ça suffit pour comprendre ? Pour comprendre pourquoi quelqu'un qu'on aime s'est donné la mort ?
– Oui, il y avait cette absence de mots et au fond de sa cave, ces vingt-cinq caisses pleines d'archives, de photos, que je ne voulais pas ouvrir au départ et qui me poursuivaient. Comme, voilà, on a besoin d'en découdre avec nos histoires familiales et j'ai donc trouvé des photos qui m'ont donné des points. Des photos, elle était magnifique, libre, très en contradiction avec ce délabrement physique qu'elle a eu. J'ai eu besoin de comprendre et j'ai trouvé sa voix qui était comme un élément documentaire, très fort, où elle témoignait des ambivalences de son enfance et j'ai eu envie de lui donner un corps, de la faire revivre, le temps d'une fiction, dont elle serait l'héroïne de sa propre vie. Et c'est là que Marion est arrivée.
– C'est ça le corps, c'est Marion Cotillard.
– Ça vous est déjà arrivé Marion Cotillard de commencer un film comme ça ? En enfilant, un à un, chaque vêtement, chaque bijou, chaque accessoire du personnage ? Insolite, non ?
– Oui, c'est vrai que c'est un projet complètement inédit. Même le scénario avait une forme que je n'avais jamais lu. C'est-à-dire que c'était assez documenté. Il y avait beaucoup de photos et il y avait effectivement quand Mona parle d'une voix, il y avait ces références aux enregistrements qu'elle a trouvés. Parce que Carole enregistrait beaucoup, a enregistré beaucoup de conversations, même presque d'interviews de personnes de son entourage, pour essayer de comprendre, pourquoi une enfant qui venait d'un milieu si intellectuel avec une mère qui fréquentait Violette Leduc, Marguerite Duras et notamment, évidemment, Jean Genet.
– Et William Faulkner.
– Voilà, et comment venant d'un milieu où elle aurait pu tout avoir et où elle avait à l'intérieur d'elle tout, elle se détruit en fait.

« Mona Achache présente *Little Girl Blue*, qui raconte la vie de sa mère Carole, incarnée par Marion Cotillard », Sonia Devillers, *L'invité de 7h50*, France Inter, 07/11/2023

**Piste 37, leçon 2, exercice 3**
– 06h30-9h, les matins de France Culture, Guillaume Erner.
– François Saltiel, ce matin, vous revenez sur une étude américaine qui déclare que 95 % des NFT n'ont plus aucune valeur.
– Eh oui, Guillaume, cette étude réalisée par *Dapp Gambl*, un collectif composé d'experts en cryptomonnaie, fait grand bruit car elle s'appuie sur une analyse de plus de 73 200 collections de NFT et sur ce corpus, plus de 69 700 n'auraient plus aucune valeur. De quoi donner des sueurs froides auprès de 23 millions, des 23 millions de détenteurs de NFT concernés. D'ailleurs, peut-être que vous en faites partie, Guillaume ? Lucile ?
– Non, pas encore. C'est peut-être le moment d'investir.
– Mais oui, c'est peut-être le moment d'y aller. On sent votre sens de l'opportunisme. Peut-être que vous avez à l'inverse besoin d'un petit rappel de définition pour mieux cerner ce que sont ces NFT.
– Ce n'est jamais inutile.
– Donc, il s'agit de jetons non fongibles, c'est-à-dire un actif numérique unique que l'on pourrait voir comme un certificat d'authenticité. Mais au lieu que ce certificat emprunte la forme papier, il est numérique et stocké dans la Blockchain, une sorte de registre, qui compile l'historique et les caractéristiques de l'actif. Ces NFT s'échangent sur des places de marché grâce à l'Ethereum, qui est une cryptomonnaie, un peu comme le bitcoin que vous connaissez. Et il y a à peine deux ans, les NFT rattachés principalement à des œuvres d'art numérique défrayaient la chronique, dans une hystérie collective, où collectionneurs, marques de luxe, opportunistes et stars en tout genre ne voulaient pas passer à côté de ce nouvel objet à sensation. Vous avez, sans doute, en mémoire les ventes records organisées par les salles de vente célèbres comme chez Christie's où l'œuvre *Everydays* de l'artiste américain Beeple s'est envolée pour 69 millions de dollars en 2021. Une année hors norme pour les NFT qui ont connu une notoriété planétaire, tapissant les unes de médias grand public et les écrans de musées du monde entier. Comme souvent dans l'écosystème des nouvelles technologies, on prêtait aux NFT un grand destin, celui de révolutionner le marché de l'art, de permettre aux artistes numériques de sortir de l'anonymat en s'affranchissant des galeristes et de rencontrer un nouveau public convaincu par la dématérialisation. Tout cela a été en partie vrai, mais les NFT sont vite devenus une bulle spéculative où l'on vendait tout et n'importe

quoi. Comme par exemple, le NFT de la capture d'écran du premier tweet du patron du réseau social de l'époque, Jacques Dorsey, un NFT vendu 2,9 millions de dollars.
– C'était une bonne affaire !
– Ouais, c'est une bonne affaire surtout qu'aujourd'hui, il en vaut quelques dizaines. Donc voilà, pour celui qui l'a acheté, c'est un petit peu moins cher.
– Bon, le marché est mort aujourd'hui, François ?
– Alors, il ne faudrait pas commettre une nouvelle erreur d'appréciation en les condamnant trop vite. On peut voir cet éclatement de la bulle comme une phase de purge où les spéculateurs comme les projets insignifiants vont disparaître pour laisser place aux seules initiatives qui sont véritablement intéressantes. N'oublions pas que les NFT ont également un avenir dans l'univers des jeux vidéo car ce procédé permet de créer de la valeur, notamment sur les objets virtuels qui s'échangent entre joueurs. Et au-delà de cette bérézina, les plus optimistes pensent même que cette étude va susciter un effet rebond en stimulant les collectionneurs. C'est déjà ce que vous avez fait depuis le début de cette chronique, Guillaume en achetant des NFT, sachant que le prix est au plus bas.
– En masse.
– Eh oui, en masse. Rappelons pour finir que le phénomène des NFT n'a que deux ans, ce qui n'est rien dans l'histoire de l'art et de son marché habitué aux soubresauts, emballements et enterrements programmés, des morts annoncées qui rendent paradoxalement le marché vivant.

« La plupart des NFT ne valent plus rien », François Saltiel, *Un monde connecté*, France Culture, 02/10/2023

**Piste 38, leçon 3, exercice 4**
– Je suis allée au Fridge Comedy Club. Alors, de l'extérieur, ça ressemble à un joli bar à cocktails et quand on descend dans les escaliers, on passe devant les portraits de nombreux stand-uppeurs qui se produisent dans une petite salle, juste à côté. Les spectateurs, qui ont entre seize et trente ans, sont nombreux à venir voir du stand-up en ce dimanche après-midi pour différentes raisons.
– Rigoler !
– Changer d'idées un petit peu.
– Juger les humoristes parce que je me considère comme une.
– Oublier ses problèmes.
– Décompresser aussi parce qu'il y a un certain stress, je trouve, surtout à Paris.
– J'aime bien, ça change, ça fait une activité un peu différente.
– Pour un dimanche, je trouve que ça permet de repartir sur une bonne vibe pour la semaine et pas avoir le sunday blues.
– Ici, il y a trois représentations par jour au moins, du mardi au dimanche, et c'est presque toujours complet, selon Lilian Charon, assistant de direction.
– Ça fait, je pense, à peu près deux ans que ça commence à vraiment exploser. À Paris là, ça pousse de partout, surtout là, les six derniers mois-là. Il y a ses comedy club qui ouvrent de partout, des plateaux indépendants qui ouvrent de partout, du coup, là, c'est en train de prendre une grosse grosse ampleur, surtout à Paris.
– Et selon lui, Paul Mirabel, Djihmo ou encore Redouane Bouguéraba incarnent cette nouvelle génération de stand-uppeurs en France. Le stand-up, c'est ce style un peu plus décontracté d'humour et moins écrit que les sketchs dans les one-man-shows traditionnels.
– Margaux, comment on explique le succès du stand-up en France ?
– Justement, c'est ce côté moins préparé, plus convivial aussi, qui ont séduit Victoria et ses amis qui sortent d'une représentation.
– Bon, il y avait des choses qui étaient préparées mais ça donne un côté un peu spontané qui est agréable, je trouve, plus peut-être que des sketchs classiques où on a, enfin y a pas d'interaction vraiment avec le public.
– On est dans des périodes un peu tristes et c'est hyper important de garder quand même ce truc de contact aussi parce que, mine de rien, c'est des petites salles et il y a un contact, une proximité certaine avec les stand-uppeurs.
– C'est vrai que c'est beaucoup plus amical, on va dire, genre, il y a beaucoup plus de contacts. Je pense que ça, c'est aussi vachement bien et c'est la grande différence des grands spectacles, je trouve.
– Cet engouement du public pousse aussi de plus en plus de monde à se lancer dans le stand-up. C'est clairement de la folie, depuis quelques mois, explique Lilian du Fridge Comedy Club.
– Quand on a ouvert l'open mike, c'est la scène ouverte à tout le monde, qui veut essayer le stand-up, vingt-quatre créneaux par semaine et pourtant, on avait un an et demi d'attente. Maintenant, on ouvre des créneaux en début de mois. Premier mercredi, ça ouvre, tout le monde s'inscrit et à qui aura sa place, voilà. Dans la journée, tout est complet et après, on a ce qu'on appelle les gratteurs, c'est comme ça que c'est appelé dans

le domaine, c'est les gens qui sont pas inscrits sur l'open mike mais qui viennent essayer de voir s'il y a des remplacements à faire, des choses comme ça. Ça tourne beaucoup comme ça aussi le stand-up, c'est faut être là au bon endroit, au bon moment pour pouvoir jouer.
– Chaque week-end, il y a entre quinze et vingt gratteurs, comme il dit. L'autre raison du succès du stand up, c'est le fait que ce soit accessible. Beaucoup de jeunes spectateurs, que j'ai rencontrés, ont payé leur place grâce au pass Culture et la plupart des artistes sont payés au chapeau, c'est-à-dire que chaque spectateur paie ce qu'il veut et peut en sortant.

« Stand-up partout, argent nulle part ? », Margaux Queffelec, *Reporterter*, Mouv', 05/02/2024

**Piste 39, entraînement au DALF C1, exercice 1**
– Bonjour Pierre Pichaud.
– Bonjour.
– Il y a quelques mois vous avez été nommé chef du grand orchestre du cirque Bouglione. Qu'est-ce qui se produit en ce moment, tous les jours, voire plusieurs fois par jour, au Cirque d'Hiver à Paris, dans un spectacle *Délire*, le spectacle de la compagnie actuellement. Alors, c'est l'une des spécificités du cirque Bouglione, le Cirque d'Hiver, d'avoir un orchestre permanent. C'est rare aujourd'hui au cirque ?
– Ah oui, c'est très rare. Je pense qu'on est trois ou quatre orchestres en France, et je ne sais pas combien dans le monde, mais ça devient... assez rare, ouais, effectivement.
– Combien de musiciens dirigez-vous ? Et quels sont d'ailleurs les instruments ?
– Nous sommes dix musiciens, il y a quatre cuivres, un violon et quatre rythmiques : donc batterie, basse, guitare, clavier et moi devant. Voilà. [...]
– Vous êtes le chef donc de ce grand orchestre, précisément, en quoi consiste votre métier ? Vous dirigez, vous composez, vous arrangez ?
– Je fais un peu tout ça, je joue même un peu de trompette, mais disons que, voilà, le plus gros de mon travail est la préparation du spectacle. C'est-à-dire que, avec Joseph Bouglione, qui est le directeur artistique, et les artistes, on travaille en étroite collaboration pour décider de quel genre de musique va accompagner le numéro pour ce spectacle. Donc, ça peut être dans la veine d'une esthétique qui est demandée par le directeur artistique, ou alors une volonté très forte de l'artiste de garder sa musique et de l'adapter pour orchestre, ou encore, peut-être, d'adapter un morceau qui est le tube, par exemple de l'année 2023. Donc voilà, il y a plusieurs cas de figure. Et mon travail, ben, c'est de suivre la piste, de mettre la musique au service de l'artiste et d'adapter tant la musique, au niveau du style, de la structure, créer des tensions et des moments de plus légers, un peu plus funs, pour le public aussi.
– Donc il y a des morceaux que vous écrivez spécifiquement pour les nouveaux spectacles, pour des nouveaux numéros ?
– Ça peut arriver, ouais. Des arrangements sur mesure ou des adaptations, ou même des créations, effectivement.
– C'est quoi les spécificités de ce métier ? Vous nous avez un peu décrit votre travail, mais c'est très précis, très minuté, à la seconde près parfois ?
– Ah oui, voilà, c'est-à-dire que là, je veux dire la différence avec un chef d'orchestre classique – je viens du monde du classique – je pense que la plus grande différence c'est que l'interprétation que va proposer un chef d'orchestre classique, disons, va dépendre un peu de sa volonté à lui, et de son humeur peut-être du jour ou du style évidemment que le compositeur a demandé. Mais il va garder le choix de l'interprétation, alors que moi, je vais devoir suivre l'interprétation de l'artiste qui est en train de jongler, en train de faire des sauts périlleux, ou en train de faire rire le public. Donc, il va falloir que j'adapte en temps réel. Je dis « je », mais en fait, voilà, c'est... On travaille avec un micro d'ordre et des moniteurs, pour que les musiciens m'entendent, parce que j'ai beau donner des conseils, si les musiciens ne peuvent pas le comprendre et le réaliser à la seconde près, ça ne marche pas. Donc, on a nos petits trucs à nous, on va dire, comme un chef d'orchestre qui gère l'opéra. Je pense que l'on se rapproche plus d'un métier d'opéra ou de ballet, ou d'opérette. Voilà, pour suivre le mouvement et être en totale connexion avec l'artiste.
– Et quand ça se passe pas comme prévu, c'est du spectacle vivant, qu'est-ce que vous faites ? Vous improvisez ?
– C'est là où... Non, on improvise très rarement. On a notre petit truc, on met en place, pendant les répétitions, des espèces de loops, de boucles, on va dire, ou des petites coda d'une mesure pour pouvoir finir rapidement ou pour pouvoir attaquer. Donc, j'ai fait toutes les partitions où j'ai mis des repères, et je leur dis en temps réel avec le micro d'ordre, voilà, on passe pas à cette structure, on continue encore quatre mesures ou deux, ou deux temps. Et en live on joue. Et voilà, une mesure à quatre temps ou à trois temps peut devenir une mesure à six ou à un, ou... Voilà, y a pas de règle. La règle, c'est suivre l'artiste.

– Pierre Pichaud on se retrouve à nouveau dans quelques instants, mais on retourne au Cirque d'Hiver, pour ce spectacle *Délire*, autre musique. [*Musique*.]
Alors ça, c'est vous qui l'avez composé, Pierre Pichaud ?
– Non, c'est un monsieur qui s'appelle Germain Burke, qui vient du Canada, qui travaille aussi pour le Cirque du Soleil. Ça, c'est la dernière pièce. On a entendu le premier morceau et le dernier morceau, qui sont des musiques assez traditionnelles. Je vais rebondir sur ça, parce qu'effectivement nous ne jouerons pas que de la musique, on va dire, de cirque traditionnel. On peut jouer le dernier, la dernière musique de *Naruto* en manga. On peut jouer une musique d'Yvan Cassar, d'ailleurs, classique, on peut jouer du rock, on peut jouer de l'électro, du Guetta, du... Voilà, on est mené à suivre aussi l'actualité et l'énergie que propose l'artiste.
– Il y a des thèmes classiques, parfois ?
– Ouais, ouais, ça arrive. Là, par exemple pour le clown, cette année, il nous a proposé la *Valse* de Chostakovitch et le *Beau Danube bleu*, aussi.
– Comment la rencontre avec l'univers du cirque s'est-elle faite pour vous?
– J'étais en train de finir... J'avais fini mes études, j'avais passé mon diplôme d'état de prof de trompette aussi. Et j'ai toujours été dans le monde de la variété, avec les bals populaires, donc j'étais intermittent du spectacle – je le suis toujours, pardon –, et mon prof de l'époque, Frédéric Presle, du conservatoire de Boulogne, m'avait conseillé d'aller voir les musiciens du cirque, parce que ce sont des gens qui, vous l'avez dit aussi, plusieurs fois par jour, donc trois shows par jour, de deux heures, enchaînent les morceaux, et la prouesse à la trompette, voilà, l'endurance... Et j'étais assez épaté par ce monde-là. Et en 2015, on m'a proposé de faire la tournée du Cirque d'Hiver Bouglione. C'est arrivé un peu par hasard. Et voilà, j'ai trouvé ce monde fascinant. J'ai eu quelques facilités à arranger, à m'occuper de la piste, parce que j'ai un spectacle musical humoristique aussi, il s'appelle *Les Sourdoués*, et je pense que ça, ça m'a amené à comprendre un peu le rythme, le rythme de la scène et des artistes. Et les artistes eux-mêmes m'ont conseillé de continuer et c'était un nouveau monde pour moi, et c'est vrai que j'ai eu beaucoup de sollicitations, dès le début, au niveau des arrangements d'ailleurs. Et voilà, c'est comme ça que j'ai continué. J'ai gardé mon orchestre aussi, qui s'appelle le Paris Circus Orchestra aujourd'hui, qui se vend dans le monde entier. Et notre qualité, c'est de, voilà, de s'adapter vraiment aux musiques d'aujourd'hui et de faire des séquences, des playbacks, pour être à 99 % de la réalité musicale. [...]
« Chef d'orchestre au cirque : un art de haute-voltige », Jean-Baptiste Urbain, *Au fil de l'actu*, entretien avec Pierre Pichaud, France Musique, 15/02/24

# Unité 10

### Piste 40, leçon 1, exercice 4
Le livre qui a changé ma vie, c'est *Tristan et Iseut*. C'est un récit, qui a été colporté de bouche en bouche, sur quasiment tout le Moyen Âge, qui a été écrit ensuite dans différents dialectes et dont on a pu récupérer, pas la totalité, on en a perdu une bonne partie, mais quand même, quand même assez pour me faire rêver. Moi, quand je découvre *Tristan et Iseut*, je découvre ce qu'on appelle l'ancien français. Ça veut rien dire parce qu'il y avait différents dialectes. Mais je découvre un texte dans une langue qui est parmi les origines de la nôtre et je découvre du coup les fondements du langage, c'est-à-dire mon fondement à moi. Je vois des gens qui sont en train d'apprendre à s'exprimer dans une langue qui est la mienne et que je maîtrise tous les jours sans problème. Je vois des gens qui écrivent et qui s'approprient un univers, et c'est encore tâtonnant, en même temps, c'est bizarrement très abouti. Je vois que l'Occident entier s'est enflammé sur Iseut et Tristan, sur une liaison adultère. Je vois se profiler le personnage du roi Marc qui est le mari d'Iseut, sans qui il n'y a pas de mythe, puisque le roi Marc est l'obstacle. S'il n'y a pas obstacle, ben, Tristan et Iseut boivent le filtre, font des enfants et tout le monde s'en fiche. Et là, lui, il est là pour s'opposer et donc créer la légende. Et quand je découvre ça, je me dis, il faut que j'apprenne cette langue et donc je me lance dans un cursus d'ancien français à l'université. Je décide de devenir professeure d'ancien français et donc je me prépare à suivre cette voie-là. La vie va se charger de faire qu'il y a d'autres directions mais c'est à ce moment-là que je découvre cette langue et j'apprivoise ma langue, vraiment. Et je me dis, et je me promets, que je ne perdrai jamais ça et mon métier fait que je suis devenue journaliste. Mais j'ai toujours gardé ce pied dans l'ancien français et dans *Tristan et Iseut* avec mes romans. Et *Tristan et Iseut* me bouleverse. C'est deux trajectoires côte à côte qui ne se croisent pas, qui n'y arrivent pas et y en a une troisième, c'est ce fameux mari qui n'arrive pas à voir sa femme. C'est incroyablement moderne, il n'arrive pas à lui en vouloir et elle, elle est bizarrement assez conciliante avec lui. Il y a la

trahison familiale parce que Tristan, c'est le neveu. Tout est là. Et puis, il y a la mort à la fin et avec ces deux plantes qui sortent des tombes et qui s'emmêlent. Enfin, ça m'émeut rien que d'y penser. Et un livre qui change une vie, ça veut dire un livre qui vous apprend à aimer. Vous n'aimez pas pareil quand vous avez lu le livre qui va changer votre vie. Vous aimez de la même façon que vous avez aimé le livre que vous avez lu, la personne que vous avez en face de vous. Alors parfois avec de la possession, parfois avec de la jalousie, parfois avec une loupe, mais vous aimerez le grand amour de votre vie exactement comme vous avez lu ce texte-là.

« Les livres qui ont changé leur vie », Clara Dupont-Monod, *La grande librairie*, France Télévisions, 22/06/2016

### Piste 41, leçon 2, exercice 3

– Si vous aimez écrire et que vous êtes féru de science-fiction, il y a une revue qui attend vos contributions à l'initiative de Mame Bougouma Dieme.
– Je m'appelle Mame Bougouma Dieme. Je suis franco-sénégalais américain, c'est un peu compliqué mais je suis né aux États-Unis de mère française et de père sénégalais. Je suis écrivain, moi-même, de fiction spéculative, majoritairement en anglais. Il y a quelques années, avec d'autres auteurs, nous avons mis en place une société de fiction spéculative pour les auteurs africains. Et, tout de suite, la question s'est posée de ce qui se passait des langues qui étaient autres que l'anglais. Et donc avec ma femme, Wagba Diallo, nous nous étions dit : « Est-ce qu'on pourrait lancer un magazine pour les francophones ? »
– Vous parlez de fiction spéculative. C'est différent de la science-fiction ?
– Le mot spéculatif a été utilisé pour couvrir la science-fiction, l'horreur, la fantaisie, l'histoire alternative, le réalisme magique. La fantaisie, par exemple, c'est basé sur de la magie. L'horreur, ça peut être quelque chose qui a un côté surnaturel, mais ça peut aussi être quelque chose de très, très réaliste. L'histoire alternative, c'est juste de reprendre un point du passé et imaginer une histoire du monde qui serait différente. Mais en fait, c'est le côté spéculatif, c'est le côté qu'est-ce qui pourrait être ? Et donc, ça, ça ne se limite pas juste à la science-fiction en tant que telle.
– Alors, vous avez déjà lancé deux appels. Vous avez déjà des récits entre les mains, que nous racontent-ils ?
– Nous avons un auteur franco-malien qui s'appelle Macron Fofana, qui est graphiste et qui propose une espèce de vision d'histoire alternative pour repenser, un petit peu, le concept de ghettoïsation et de la banlieue qui pour l'instant est démarquée comme quelque chose de violent, mais qui est justement un potentiel et comment ce potentiel pourrait se réaliser. On a une autrice marocaine, qui s'appelle Dounia Charaf, qui elle a déjà été publiée sur la scène française, qui fait vraiment un commentaire social sur les problèmes contemporains mais qui les place dans un univers futuriste et donc les rapports aux pays du Sud et aux pays du Nord. Une jeune autrice franco-malienne, qui a 17 ans, qui elle se pose des questions par rapport aux sociétés africaines et liées au monde des castes et qui nous propose une histoire de fantaisie placée dans l'empire mandingue.
– Quel message adressez-vous à ces écrivains en herbe qui peut-être n'osent pas se lancer ?
– Vous savez, moi, j'écrivais dans mon petit coin, sans me rendre compte que je pouvais être publié ou que ce soit. Et un jour, je suis tombée sur un appel pour afro SF volume deux qui demandait des histoires à hauteur de quarante mille mots. J'en avais une qui était à hauteur de trente mille, dont je ne savais pas quoi faire. J'ai timidement approché l'éditeur pour lui demander : « Est-ce que vous pensez que ça convient ? » Il m'a dit : « Écoute, hein, tu lui mets un titre dessus et tu me l'envoies. » Et deux semaines plus tard, il m'a répondu par la positive.
– Vous leur dites : « Il faut y croire ! »
– Il faut y croire parce que les histoires se font rejeter pour x et x raisons. Comme je dis, je me fais publier maintenant par certains des plus gros noms de la scène anglophone et je me fais quand même recaler 90 % du temps. Les gens, qui se font publier par les plus grosses maisons d'édition, se font aussi recaler 90 % de temps, c'est la réalité qui est pour tout le monde, qu'on soit un niveau débutant ou un niveau professionnel, et à un moment ou un autre, faut faire le pas, on n'apprend pas à nager en restant dans le petit bain.
– Mame Bougouma Dieme, merci !
– Merci Nathalie !

« SF, Fantastique : et si les francophones s'y mettaient ? », Nathalie Amar, *La vie ici*, RFI, 15/11/2021

### Piste 42, leçon 3, exercice 3

06h26, *Les Enjeux* sur les réseaux sociaux, aujourd'hui BookTok sur TikTok, les ados réinventent la critique littéraire. BookTok, oui, comme book le livre et TikTok, le réseau social visité chaque jour par sept millions de français dont trois millions et demi de 15-24 ans. Des ados, principalement des filles, s'y mettent en scène, souvent dans leur chambre, à la lueur d'une lampe de chevet, elles parlent de leur obsession pour un livre, un personnage de fiction ou partagent des citations sur un fond musical poignant. Elles ne se livrent pas à une critique de l'œuvre, elles révèlent plutôt leurs émotions ressenties à la lecture et celle-ci s'expriment parfois autrement qu'avec les mots, par exemple en lançant le livre contre un mur pour témoigner de son désespoir ou en faisant trembler très fort son menton face à la caméra. Aujourd'hui dans le monde, toutes langues confondues, le hashtag BookTok comptabilise, eh bien, soixante-quinze milliards de vues. Tout serait parti d'une vidéo postée aux États-Unis, il y a dix-huit mois, sur le compte TikTok Aymansbook. La jeune booktokeuse de 21 ans y partage de manière très expressive ses impressions de lecture sur le livre *Le chant d'Achille* de Madeline Miller. La jeune femme présente le livre en souriant et déclare être au début de sa lecture. Et puis, elle se montre en larmes une fois le livre terminé. La vidéo dépasse le million de vues en quelques jours seulement. Le livre d'ailleurs sorti en 2012 connaît un succès inattendu et se hisse en troisième place des meilleures ventes de fiction après avoir été recommandé donc par des booktokeurs. Depuis, les maisons d'édition spécialisées dans la littérature jeunesse et jeune adulte ont massivement investi TikTok. En France aussi bien sûr. Parmi elles, Hachette Romans, qui comptent plus de quarante-cinq mille abonnés sur TikTok et qui a vu un de ces titres connaître un regain de popularité grâce au réseau social. Il s'agit de *Mille baisers pour un garçon*, ouvrage américain de 2016 de Tillie Cole, qui s'est vendu à près de 10 000 exemplaires depuis 2021. Désormais BookTok est devenu un argument de vente. Les romans les plus cités par la communauté des booktokers sont dotés d'un bandeau #bookTok et en magasin, la chaîne de librairie américaine Barnes & Noble a lancé cet été un #BookTok challenge, et les agents littéraires approchent maintenant les jeunes qui animent les comptes les plus populaires.

« BookTok sur TikTok, les ados réinventent la critique littéraire », Baptiste Muckensturm, *Les Enjeux des réseaux sociaux*, France Culture, 08/09/2022

# Unité 11

**Piste 43, leçon 1, exercice 3**
– Quentin, vous évoluez dans le berceau du graffiti, ce que vous appelez modestement votre bureau : la rue.
– 10h24, je suis gare de l'Est, je prends un café pour me réchauffer du froid polaire de cette semaine avec ma pancarte graffiti et mon micro France Inter. Il y a ce mec, petite quarantaine, qui vient vers moi. Salut !
– Salut !
– C'est quoi votre prénom ?
– Guillaume.
– Guillaume, vous avez quel âge ?
– 45 ans.
– Vous sortez du train.
– Je sors du train, oui.
– Vous venez d'où ?
– De chez moi.
– Il me demande ce que je fabrique, alors je lui raconte notre émission : un mot dans l'air du temps et une fois par mois, un mot rétro, vintage qui a marqué toute une époque. Et aujourd'hui, c'est graffiti.
– Tiens, c'est marrant, parce que j'en ai fait pendant 15 ans. J'ai commencé en 92, j'avais 11 ans, quand j'ai découvert le mouvement hip-hop et je me suis tout de suite identifié. Comme je dessinais beaucoup et que j'avais une petite soif d'adrénaline, ça m'a donné une façon de… un moyen d'expression artistique avec lequel je pouvais me rebeller et m'affirmer.
– Mais alors, qu'est-ce que ça a représenté concrètement pour sa génération ?
– En tout cas, clairement, il y avait une révolution culturelle avec le mouvement hip-hop, avec la bombe de peinture, donc…
– L'objet déjà.
– Oui, c'est ça, l'outil en fait. Il y a une révolution culturelle que par un outil. Aujourd'hui, on pourrait clairement penser aux réseaux sociaux, à Internet avec l'outil du smartphone par exemple. Genre, si on devait faire un parallèle entre les deux époques. Donc…
– L'iPhone 15 de l'époque, c'est la bombe ?
– C'est la bombe de peinture, ben oui, c'est ce qui nous permettait de nous exprimer quelque part, de sortir dans la rue et de nous exprimer.
– Avant de le laisser filer, je lui demande s'il se souvient de son premier graff.
– Je m'en souviens comme si c'était hier. C'était un personnage avec des lettres, qui était mon pseudo de l'époque. C'étaient les codes du graffiti : il fallait

s'inventer un nom et on reprenait ce que les pères du graffiti faisaient à New York, voilà. Nous, on reproduisait juste le style.
– C'est quoi votre blaze, on peut le dire ou pas ?
– C'est de l'histoire ancienne.
– Et une autre époque peut-être et toujours cet anonymat qui persiste. Elles deux attendent un rendez-vous pro. L'une a la petite vingtaine et l'autre approche la trentaine. Bonjour !
– Bonjour !
– C'est quoi vos prénoms ?
– Je m'appelle Léna.
– Et moi, c'est Chloé.
– Qui fait quoi dans la vie ?
– C'est ma stagiaire.
– Ah ! Vous aussi vous avez une stagiaire. La maître de stage nous donne son avis.
– Je trouve que, quand on parle de graffiti, un peu dans l'imaginaire collectif, y a tout de suite une connotation négative. On voit le graffiti, je pense pour la majorité des personnes, comme une invasion dans l'espace public plutôt qu'une œuvre d'art.
– Ce qui est dommage, non ?
– Ce qui est totalement dommage, ouais. Enfin, tous les graffitis sont une façon de s'exprimer dans l'espace public d'ailleurs, qui est à tout le monde, alors pourquoi ne pas s'en emparer ?
– Alors, est-ce qu'il faut se réapproprier nos lieux communs ? Le problème, c'est que derrière chaque mur, il y a souvent quelqu'un à qui ça appartient. Ma dernière rencontre se fait à L'Échoppe, un magasin de skate dans le 3ᵉ arrondissement de Paris.
– Salut, je m'appelle Fred, je suis agent de développement et manager de l'association Paris Street Culture et j'ai 48 ans.
– Que lui inspire notre mot vintage du jour : graffiti ?
– Ah bah, ça nous inspire bien. Alors nous l'association, on propose des cours de street art parce que, avant d'aller graffer sur un mur, eh ben, il faut savoir dessiner, il faut savoir trouver les échelles, les points de fuite, les ombrages. Enfin, voilà, c'est vraiment des cours de base et ce qui fait la différence par rapport aux graffeurs de l'époque, c'est qu'aujourd'hui, on a des enfants qui commencent le graff à partir de 5-6 ans. On parle de murs mais ça peut être des supports type vieille planche de skate recyclé, ça peut être des sneakers, des chaussures qui sont très à la mode. Et aujourd'hui, il y a une vraie demande parce que c'est moins classique que les cours de dessin dit traditionnels.

– Mais alors Fred, je le vois avec son sac rempli, prêt à partir, est-ce qu'il s'apprête à aller graffer un mur ?
– Alors officiellement, la mairie de Paris met à disposition des murs pour pouvoir graffer. Le problème, c'est que quand tu vois les graffs qu'il y a dessus, t'as pas envie de les effacer et de repasser par-dessus. On n'est pas des vandales si tu veux. Les vandales, c'est un type de graffeurs qui vraiment tague et graffe à l'arrache. C'est interdit, nous, on n'inculque pas ça aux enfants. On travaille beaucoup sur des graffs éphémères avec des celluloïds par exemple, on va dans des parcs entre deux arbres, on tend des celluloïds et on apprend à graffer aux enfants sur les celluloïds. On fait quelques photos et après on l'enlève donc c'est de l'éphémère en fait.
– De l'époque, où la bombe de peinture avait le pouvoir de laisser une trace de son passage dans les rues de la ville, à nos jours où cet art à part entière se transmet, se raconte et se diversifie, alors : à vos marques, prêt, graffez !

« Complétement à la rue : vintage sur le 'Graffiti' »,
Quentin Lhui, *Complètement à la rue*, France Inter,
12/01/2024

**Piste 44, leçon 2, exercice 3**
L'abondance d'œuvres d'art est-elle un piège pour l'œil et le regard ? Menace-t-elle l'intégrité même de l'art ? Et l'art-même, au fond, de la contemplation ? Voilà une série de questions que personne ne se pose, mais que je vous soumets ce matin, sans trop de conviction. Pourquoi une telle crainte parce que le Rijksmuseum d'Amsterdam vient de mettre à notre disposition 700 000 œuvres à télécharger gratuitement. 700 000 : c'est un monde. Dans le monde physique d'ailleurs, c'est intenable tout bonnement. Un exemple : le musée du Louvre, qui fête ses 230 ans et qu'on l'on qualifie parfois de plus grand musée du monde, expose dans ses salles 35 000 œuvres. Vingt fois moins, exactement. Et bien moins que ce qu'il conserve effectivement : près de 500 000 œuvres en tout. Mais revenons au Rijks et à son initiative. Coure-t-on le risque de se perdre dans un maquis sans chemin, de ne plus savoir où donner de la tête et du cœur ? À désirer tout voir, on pourrait regarder nulle part ! Pensées absurdes, a priori ridicules, qui m'ont traversé-là.
Car cette plateforme est en fait un émerveillement. Tout y est organisé. Les tableaux de maître, les sculptures, les mobiliers anciens, bijoux et costumes sont mis en contexte, enrichis parfois de vidéos, hiérarchisés, mis en lumière… Toutes

les images sont libres de droit et vous pourrez même Alexandra, les modifier, les retravailler vous-même, créer votre propre musée. Pour ma part, j'y ai redécouvert un tableau, souvenir d'enfant jamais renoué auparavant : *Le Pont Sigel près de la Paleisstraat à Amsterdam*, peint par Georges Hendricks Breitner entre 1896 et 1898. Cela s'appelle Rijks Studio, je mettrai sur le site la référence de cette idée simple. Un musée pour tous qui ouvre à chacun son musée intérieur.

« L'abondance d'œuvres d'art est-elle un piège pour l'œil et le regard ? », Quentin Lafay, *L'humeur du matin*, France Culture, 26/12/2023

**Piste 45, leçon 3, exercice 4**
– Le tuto France Info, bonjour Gérald Roux.
– Bonjour à tous !
– Alors que la Fashion Week féminine de Paris commence demain, les grandes marques du luxe vont y présenter leur collection automne-hiver. Expliquez-nous justement la Fashion Week.
– Pendant huit jours de frénésie glamour, la semaine de la mode dévoile la production des grandes maisons de prêt-à-porter de luxe : Dior, Chanel, Louis Vuitton, Saint Laurent mais aussi des marques internationales comme Chloé, Miu Miu ou Stella McCartney. Au total, soixante-et-onze défilés à travers Paris, dans des lieux souvent prestigieux comme le Grand Palais ou la cour carrée du Louvre. Les stars, les acheteurs, les journalistes de mode assistent au défilé qui sont parallèlement diffusés en ligne et sur les réseaux sociaux. Une vitrine exceptionnelle qui permet au groupe de luxe de faire de la publicité gratuitement pour leurs vêtements et leurs accessoires, alors que les campagnes de pub : presse, affichage, Internet ; elles sont payantes.
– Et combien y a-t-il de de Fashion Week à Paris ?
– Pour le prêt-à-porter, il y en a quatre par an : deux pour les femmes, deux pour les hommes automne-hiver et printemps-été. La Fashion Week de Paris a été lancée en 1973. Il faut y ajouter aussi les deux semaines de la haute couture et là, c'est différent, on ne présente pas des vêtements produits en série, prêts à être portés, mais des modèles uniques réalisés sur mesure pour une clientèle très fortunée. Les défilés se tiennent en janvier et en juin uniquement à Paris car la haute couture est une spécificité française très codifiée et juridiquement protégée.
– Et pour le prêt-à-porter, il existe d'autres Fashion Week dans le monde ?
– En dehors de Paris, il y a trois grandes semaines de la mode : New York, Londres et Milan. Elles s'enchaînent sans temps mort. New York a donné le coup d'envoi, début février, elle est surtout réputée pour ses vêtements faciles à porter, notamment influencée par le sport. Londres est considérée comme la plus avant-gardiste. Milan qui s'est terminée hier représente, elle, le savoir-faire des grandes marques italiennes : Armani ou Prada. Paris toujours considérée comme la capitale de la mode clôt le bal. Reste que ces quatre grands rendez-vous sont concurrencés par d'autres villes : Copenhague, Anvers ou Séoul qui organisent leur propre semaine de la mode. Sans compter que certaines années des marques peuvent bouder les quatre étapes prestigieuses, c'est ce qu'on fait Yves Saint Laurent en 2016 et Gucci plus récemment en choisissant Los Angeles.
– Merci Gérald Roux ! Le tuto France Info à retrouver sur les réseaux sociaux.

« C'est quoi la Fashion Week ? », Gérald Roux, *Expliquez-nous*, France Info, 27/02/2024

**Piste 46, entraînement au DALF C2**
Joseph Laurin : Le street art, l'art urbain, des lettres, des figures, des dessins qui inondent nos rues, habillent les bâtiments parfois oubliés ou parfois en activité... Le street art, est-ce que ça vous parle ? Avez-vous été concerné par l'apparition d'un tag chez vous ? D'ailleurs, qu'est-ce que c'est qu'un tag, qu'est-ce que c'est qu'un graf ? Comment gérez-vous la situation ? Vous nous appelez : 03.22.92.58.58. Avec moi en studio, deux artistes : Kwes, graffeur et président de l'association Rêves Lucides, avec la galerie Rêves Lucides, quartier St-Leu à Amiens. Bonjour Kwes !
Kwes : Bonjour Joseph.
Joseph Laurin : Et Guy-Louis Thérèse, artiste qui a posé ses valises ici à Amiens. Bonjour Guy !
Guy-Louis Thérèse : Bonjour.
Joseph Laurin : Merci à tous les deux d'être là. On en parle ce matin : du tag, du graf, du street art. On va essayer d'expliquer un peu ce qu'est tout ça, et puis d'en parler avec vous, qui nous écoutez : 03.22.92.58.58.
Bonjour à tous les deux, alors, ma première question pour vous deux, c'est que j'ai une signature à l'entrée, je ne sais pas si vous l'avez vue, il y a un graf, un tag, quelque chose, à l'entrée de la radio. Qu'est-ce que c'est ?
Guy-Louis Thérèse : Ahahah. Alors c'est vrai, je vais laisser Kwes répondre là-dessus, qui est un peu plus spécialiste de cela.
Kwes : Dites-moi !
Joseph Laurin : Alors, en gros, ça ressemble à une signature, juste à l'entrée, sur la gauche, je pense

que vous l'avez vue en arrivant... Vous ne l'avez pas vue ?
Guy-Louis Thérèse : Je l'ai vue, c'est une signature, en fait, c'est quelqu'un qui exprime, de façon répétitive, la même... le même graff, et qui, pour lui, représente quelque chose.
Joseph Laurin : Ça, ça fait partie du street art ?
Kwes : En fait, on va dire que... le street art, c'est un mouvement qui est assez global, qui englobe plusieurs disciplines, notamment le tag, le graffiti. Et dans le street art, il y a des disciplines à proprement dit également, comme le collage, le dessin, la peinture, les installations, etc.
Joseph Laurin : Donc il y a plein de choses. Vous avez fait la différence entre le graff et le tag, est-ce que vous pouvez nous éclairer un petit peu ?
Kwes : Alors, pour faire simple, en fait, le tag, c'est simplement le fait d'apposer sa signature. C'est souvent fait soit à la bombe de peinture, soit au marqueur, mais de manière très simple, sans couleurs, sans fioritures, vraiment comme une signature. Et c'est souvent la signature du graffeur, en fait. Et le graffiti, on va dire que... c'est le mouvement du graffiti, mais il y a également le terme graffiti qui est le fait de faire des lettres un peu plus soignées, avec de la couleur, du volume, de la 3D et des personnages, etc.
Joseph Laurin : Est-ce qu'il y a une différence au point de vue support entre les deux ?
Kwes : Au point de vue support, non, en fait, l'idée c'est que, avant tout, c'est quelque chose de libre, donc c'est fait sur tout support, légal ou illégal, et voilà, il faut que ce soit visible en fait.
Joseph Laurin : Il faut que ce soit visible, ça c'est le... l'idée majeure, l'idée de base. [...]
Alors, tout à l'heure je vous disais artistes et puis là vous m'expliquiez, Guy-Louis Thérèse, pendant la chanson, « mais moi, en fait, je ne sais pas comment je me définis, c'est juste que je suis dans la rue et puis je fais des choses dans la rue »...
Guy-Louis Thérèse : C'est ça, c'est vrai que, souvent on me demande comment je me détermine, mais je dis, bon effectivement, je dessine dans la rue. Alors, quand on dessine dans la rue, c'est, on fait de l'art dans la rue. Alors moi je propose quelque chose visible par tout le monde. Alors, de l'art ? Que d'autres puissent qualifier que ce soit street art, etc., bon, on dit, tout le monde, mais en même temps, je n'ai pas cette prétention.
Kwes : Ouais finalement, aussi, c'est vrai que c'est un bon point que Guy soulève parce que, finalement, qu'est-ce que c'est un artiste ? Il y en a qui vont trouver que c'est de l'art, d'autres qui vont trouver que c'est de la dégradation, peu importe ce qu'on fait. Du coup, c'est vrai que ça laisse un champ des possibles le fait de laisser aux gens définir, en fait... [...]
Joseph Laurin : Il y a un côté très ludique, en fait, il y a du jeu ?
Guy-Louis Thérèse : Oui, c'est vrai que je rencontre des parents, par exemple, qui me disent que leurs enfants, pour eux, c'est comme une chasse au trésor, et puis qu'ils adorent : « Il y a un nouveau qui est là, regarde ! » Et ça je trouve ça très intéressant, et puis les enfants ils sont très attirés que ça se passe dans la rue, parce que c'est de la découverte, et c'est ludique, tout à fait.
Joseph Laurin : Donc c'est ludique aussi pour la personne qui le fait, mais la personne qui le fait a aussi dans la tête que ça doit amuser, ou ça doit apporter quelque chose à la personne qui le voit ?
Guy-Louis Thérèse : Il est certain que quand on fait... Moi, quand je fais dans la rue, alors c'est vrai, des fois, je ne suis pas autorisé à le faire, alors je le fais, même en plein jour, je ne me cache pas. Et en même temps des fois on peut rencontrer même une dame âgée, on peut penser que quelqu'un d'âgé ça ne l'intéresse pas. Des fois je lui dis « Excusez-moi madame, est-ce que ça vous dérange, peut-être ? », et elle me dit « Non, non, non, je trouve ça très beau, j'aime bien ». Alors quand c'est comme ça, ça me libère totalement... Alors après...
Joseph Laurin : Là vous faites un truc énorme..
Guy-Louis Thérèse : Non, pas énorme ! Je reste toujours dans mon petit carré. [...]
Kwes : Oui, c'est un vrai métier après, c'est le métier de muraliste. Donc là, on est carrément sur autre chose, on est sur des nacelles, sur tout un matériel qui permet d'attaquer des pignons, comme des vrais peintres en bâtiment, en fait.
Joseph Laurin : Et est-ce que ça, ça c'est pas possible de le faire de manière vandale ?
Guy-Louis Thérèse : Ah non ! Là c'est compliqué d'installer une grue !
Kwes : Ah non, là on est sur des commandes au niveau de la commune, avec des artistes qui sont spécialisés dans le fait de faire des grands pignons, etc. [...]
Joseph Laurin : Justement, on a vu, il y a des festivals, il y a des choses qui s'organisent. Est-ce qu'on ne perd pas un peu l'âme du street art de ses débuts, de cette culture hip-hop, de cette culture de la rue un peu contestataire, avec des messages qui essayent d'être passés ? Et des messages et des graffs on en a beaucoup parlé à Amiens récemment.
Kwes : Ben, c'est une très bonne question, mais il ne faut pas perdre de vue que ce mouvement est relativement jeune, en fait. Le hip-hop, enfin... on

a fêté les 50 ans du hip-hop, mais c'est une culture qui est en constante évolution et il y aura toujours du vandale, toujours. Oui, dans mon esprit, il y aura toujours... Il peut y avoir une continuité et le fait que ça soit plébiscité et maintenant aussi sur des volontés des villes, d'avoir ça dans les rues, mais je pense que l'essence même, comme vous l'avez dit, ça ça existera toujours, tant qu'il y aura des gens qui auront des choses à dire.

Joseph Laurin : Et d'ailleurs j'ai une petite question, très rapidement : est-ce que les muralistes, donc les gens qui font les immenses fresques dans les festivals, c'est aussi des gens qui vont faire des choses un peu sur le côté, qui vont continuer ?

Kwes : Il y a de tout. Il y en a qui n'ont jamais fait de vandale, il y en a qui ont commencé par du vandale, des tags, et ensuite du graff, et ensuite qui ont évolué pour faire des pignons. Je pense notamment, à, par exemple, Excuse, qu'on a exposé cette année à la galerie. [...]

Joseph Laurin : Alors, je voulais vous lire un petit extrait. Il y a un service à Amiens qui s'occupe de nettoyer les tags et les graffs, et voilà ce qui est écrit sur le site : « L'équipe nettoiement-tag existe depuis 19998. Il n'intervient que sur le territoire de la ville d'Amiens. Elle lutte au quotidien contre la pollution visuelle que sont les tags et l'affichage sauvage. ».

Guy-Louis Thérèse : D'accord...

Joseph Laurin : Boum ! D'accord... Est-ce que vous...

Kwes : Ah, c'est intéressant comme formule, quoi. Moi, je peux très bien percevoir, de mon point de vue, que les affiches publicitaires, c'est de la pollution visuelle.

Joseph Laurin : Effectivement.

Kwes : Enfin, on ne m'a pas demandé, moi...

Joseph Laurin : Pour vous, on vous l'impose de la même manière ?

Kwes : Exactement.

Joseph Laurin : Vous avez le même avis, oui, Guy ?

Guy-Louis Thérèse : C'est-à-dire que, bon, c'est... Il est certain qu'il peut y avoir dans la rue pas mal d'affichage, pas mal de choses... En période électorale, il y a des affiches partout, ces services-là doivent aller nettoyer, et ça coûte beaucoup, ça coûte beaucoup... Cela étant, bon, il y a aussi, personnellement, dans ce que je fais, comme j'estime que ce n'est pas de la dégradation, alors que... ils n'ont qu'à ne pas l'effacer, et ça ne leur coûte rien.

Joseph Laurin : Je vois ce que vous voulez dire. On a justement Éric au téléphone. Éric, si je ne dis pas de bêtises, vous êtes le maire de Lens, c'est ça ?

Éric : Oui, absolument, tout à fait.

Joseph Laurin : Bon, alors, vous, est-ce que vous faites partie des gens qui effacez les tags sauvages que vous voyez partout dans votre ville ?

Éric : Alors, non. Alors, on a une brigade anti-tag, également, au service environnement de la ville. Ce sont des particuliers qui peuvent nous faire appel lorsque effectivement leurs murs ont été tagués, ou dégradés. Ça peut nous arriver. Et puis, il y a quelques années d'ailleurs, les services de la ville avaient enlevé un graffiti de C215 sur la porte d'une ancienne poste, à Lens. Ne connaissant pas du tout l'artiste, voilà, ils s'étaient amusé à effacer cette œuvre de C215, qui avait été faite de manière, effectivement, officieuse, informelle, et sans que la ville ne soit au courant.

Joseph Laurin : Ah, bah justement, donc, il y a une différence de perception entre quelqu'un qu'on connaît et quelqu'un qu'on ne connaît pas ? [...] Éric, vous nous disiez que vous aviez un service de nettoyage, mais vous avez aussi un service de l'art urbain, chez vous ?

Éric : Oui, absolument. Depuis deux ans, sous la coordination artistique de C215...

Joseph Laurin : Ah, celui que vous aviez effacé juste avant !

Éric : Absolument, mais oui, complètement ! Mais c'est une vraie question de la culturation, que ce soit des agents municipaux, que ce soit des habitants, effectivement, alors moi j'avais souhaité... Enfin je suis devenu maire depuis 2017, depuis 2018. J'ai vraiment fait de la culture, et notamment des arts urbains, un axe fort de ma politique de rayonnement culturel de la ville et d'éducation populaire à l'art et de la culturation. Parce que souvent, effectivement, la culture et la politique culturelle étaient un peu réservées à ce qu'on va appeler « l'élite », en tous cas dans l'entre-soi. Et alors ça, moi, l'entre-soi, effectivement je déteste ça et je voulais aussi un peu casser les codes. On a une ville médiévale extraordinaire, perchée sur une butte, voilà, avec un patrimoine considérable, mais on ne peut pas se reposer uniquement sur le fait d'être une ville de patrimoine et une ville-musée. Et donc, je voulais vraiment qu'on ait une politique culturelle assez forte et que l'art urbain envahisse les rues et casse un peu les codes que vous pouvez avoir jusqu'à maintenant. Et ce qui permet de faire effectivement accéder aussi la culture au plus grand nombre, parce que c'est une culture de rue, c'est une culture qu'on fait dans des quartiers HLM, qui sont en politique de la ville, et ce qui permet, bah voilà, au plus grand nombre, d'accéder à une expression artistique, culturelle, et qui est tout à fait extraordinaire. Donc on a pris contact avec C215, pour aussi réparer cette erreur historique des services. Alors on a commencé d'abord avec C215 pour lui dire « pourquoi est-ce que tu ne nous ferais pas un parcours, avec des œuvres faites au pochoir, dans les rues de la ville médiévale, avec des personnages en relation avec la ville ? Et puis on aimerait bien te consacrer aussi une exposition au centre culturel de la ville, où tu pourrais nous faire des œuvres sur les murs de centre culturel, en lien avec des œuvres du musée ». Voilà, et donc on a commencé un peu l'histoire avec C215 par ce parcours au pochoir dans les rues de la cité médiévale, et puis cette exposition qui lui a été consacrée, avec la sortie d'un petit opus, effectivement, C215, *Concordance des Temps*, qui est disponible à l'office du tourisme. Et puis, de fil en aiguille, on a dit : « Pourquoi on n'irait pas plus loin, en créant un festival des arts urbains, sous ta coordination artistique ? » Voilà, et donc on a fait la 2e édition au mois de juin, avec une vingtaine d'artistes, une quinzaine d'artistes l'année précédente, qui ont envahi les rues de Lens avec une expression artistique qu'on laisse complètement libre dans la ville. [...] Et donc changement du regard des habitants, de la perception des habitants, effectivement, sur leur ville et sur leur quartier, axé, effectivement, sur cette expression culturelle qui est extrêmement forte, et puis en même temps rayonnement, rayonnement de la ville à l'extérieur, puisqu'on a des gens qui viennent d'Amiens, qui viennent de Reims, qui viennent de Lille, pour aller découvrir effectivement ces fresques monumentales qui ont été réalisées, et pas que, parce qu'au-delà des fresques monumentales, on a aussi des petits personnages qui envahissent le mobilier urbain ou qui sont placés sur des murs en hauteur de bâtiments et d'immeubles sur la ville médiévale et dont on peut partir à la recherche de ce type d'œuvre, de bricolage... Partage qui sont un peu partout, disséminés dans la ville.

Joseph Laurin : Et donc ça il y a un site, on peut se renseigner à l'office du tourisme. Merci beaucoup Éric d'avoir pris le temps de nous appeler ce matin. [...]

On a pas mal parlé, ce matin, du graff, mais on a moins parlé de votre style à vous, Guy, donc juste pour conclure. Parce que vous vous êtes plutôt au marqueur, c'est un style un peu différent... Comment vous vous situez ? Est-ce que vous trouvez que les gens auraient dit la même chose sur vos œuvres à vous, est-ce que vous pensez que les gens disent la même chose sur vos œuvres à vous ?

Guy-Louis Thérèse : Alors c'est vrai que... bon, je produis beaucoup dans la ville, puisqu'il y a pas mal de réalisations. J'ai des contacts directs avec les gens qui me font un retour sur ce que je fais et c'est vrai que le retour est très positif de la part d'enfants, que ce soit des personnes âgées, des jeunes, etc. C'est vraiment très possible qu'ils m'encouragent à continuer. Et puis, bon, j'ai pas encore eu trop de soucis avec la police, même si ça s'est fait des fois, mais j'ai pas encore eu de, disons, de problèmes, non pas encore.

Joseph Laurin : Non, pas de problèmes pour vous. Merci à tous les deux d'être venus nous voir en studio, c'était un plaisir de vous voir. [...]

« Le street art, ça vous parle ? », Joseph Laurin, *À votre service*, France Bleu Picardie, 14/09/2023

# Unité 12

**Piste 47, leçon 1, activité 4**
– France Bleu Soir magazine, c'est l'émission qui s'adresse à tout le monde. Il y en a pour tous les goûts. On va parler de Kev Adams pour le coup de cœur télé de Patrice Gascon, à 20 h 20. Mais tout de suite votre coup de cœur livre, Frédérique Le Teurnier. C'est un roman graphique, *Je ne suis pas d'ici*, de YunBo. Pourquoi ce choix qui se situe entre la BD et le roman on va dire ?
– Oui, en fait, vous avez raison, vous l'avez bien dit, un roman graphique : ni bande dessinée, ni manga, mais un très beau trait de crayon et tout de même 150 pages.
– Et alors, c'est une histoire qui parle de déracinement, d'après ce que j'ai compris.
– Oui, on va suivre le quotidien d'une jeune Coréenne, Eun-Mee, qui quitte la Corée du Sud, son pays, et débarque en France. Alors, pour étudier la langue dans un premier temps, et puis pour intégrer une école d'art, ça, c'est son rêve. Déboussolée très vite, elle va tenter de s'orienter et de s'intégrer dans son école à Angoulême. Mais elle va quand même ressentir les difficultés de vivre à l'étranger. Un pied ici, un pied là-bas. Bon, première chose évidente, la barrière de la langue, et puis aussi les incompréhensions culturelles. Tiens, pourquoi, dans les cours, les élèves sont encouragés à donner leur avis ? Pourquoi, dans les fêtes, les gens ils restent debout et ne s'asseyent pas ? Pourquoi est-ce que les gens ils font la bise ? Ça, ça fait très peur ! Et puis aussi bien sur le mal du pays.
– Oui, oui, debout, dans les fêtes, ça peut se comprendre. Je sais pas pourquoi d'ailleurs. Alors,

je crois que notre héroïne n'est pas au bout de ses surprises...
– Ah bah, et comment ! Le plus incroyable reste à venir. Elle se réveille, tenez-vous bien, un matin, alors qu'elle est depuis seulement quelques jours en France, avec une tête de chien. Alors, au sens propre, hein. Bon, ceci dit, comme les autres, ils ont pas l'air de s'en rendre compte, on se dit vite que c'est du figuré, en fait. Il y a plusieurs références au chien dans le livre. En fait, on comprend vite que c'est une métaphore, parce que le chien, il est dans l'imitation de l'homme. Et c'est ce qu'elle fait, notre jeune femme, elle cherche à faire comme le font les Français, à imiter les Français et c'est très dur. Bref, tout ça pour nous faire comprendre que, malgré la réussite scolaire, et bien son intégration elle est presque insurmontable, et elle peut se voir que comme une étrangère, en fait.
– Alors dites-nous, Frédérique, est-ce ce que Je ne suis pas d'ici est autobiographique ?
– Oui, enfin, sauf pour la tête de chien, du moins on l'espère ! L'auteure, YunBo, est passée par là lorsqu'elle a fait ses études dans notre pays. Et puis, elle souhaitait aussi exprimer la difficulté de s'expatrier, le mal qu'elle a eu à se laisser aller sans se soucier du regard des autres, alors qu'en Corée – elle nous l'explique – on mise tout sur le travail, sur l'apparence. Ai-je le droit de m'inventer une vie qui n'obéit pas aux injonctions de la tradition, se demande-t-elle. Mais, mais, mais, elle se pose aussi la question du retour, parce qu'une fois qu'elle sera rentrée en Corée, elle sera pas la même. Et c'est là que c'est audacieux, parce que cette interrogation, elle est traitée dans un autre album qui s'appelle *Je suis encore là-bas*, l'album jumeau, qui sort en même temps et c'est signé de son compagnon qui est français, Samir Dahmani, et qui sort en même temps, parce que les deux tourtereaux, ils sont partagés entre la Corée et la France, et dans celui-ci, on raconte les difficultés d'une Coréenne à retrouver sa place dans la société coréenne après un séjour de dix ans en France. Attention, ce n'est pas une suite, c'est donc un double projet, un regard croisé que chacun porte sur la société de l'autre et, je peux vous le dire, les deux albums qui traitent de quête d'identité sont franchement réussis tous les deux.
– Merci, Frédérique.

« *Je ne suis pas d'ici* », *L'actu Livre*, par Frédérique Le Teurnier, France Bleu, 25/09/2017

**Piste 48, leçon 2, activité 3**
**Extrait 1 :**
– Bonjour, je m'appelle Wayne. Je suis en 4$^e$ dans le collège Stephen Hawking qui se situe à Fleury-Sur-Orne, et avec mes amis Thiméo, Nathanel et Yaya, on va vous présenter le dico des ados et le mot « la mif ». Et avant de vous présenter la définition de ce mot, on va vous faire écouter quelques extraits des micros-trottoirs que nous avons fait à la place des Commerces-à-la-Grâce-de-Dieu.
– Ça ne m'inspire rien du tout ! Mdr, ça veut dire mort de rire ?
– Oui !
– Bon, voilà, après le reste, je connais pas !
– Pour moi, mif, c'est la famille !
– Là, vous me posez une colle... Parce que, la nouvelle génération, le vocabulaire n'est plus le même que le nôtre... Vous voyez, quand nous on est des années 60, on a appris un peu le vocabulaire un peu des jeunes, quand on dit « kiff »...
– Alors, je crois ne pas me tromper en disant que c'est la famille, mais pas sûre à 100 %.
– En effet, la mif signifie la famille, comme quand on dit « Je suis parti en week-end avec ma mif » : je suis parti en week-end avec ma famille.

« Définition de 'mif' », *Le dico des ados*, France Bleu Normandie, 23/10/2023

**Extrait 2 :**
– Bonjour, je m'appelle Louise Garcia, du collège Laplace. à Lisieux. Nous avons fait un projet France Bleu, *Le dico des ados*. Je vais vous présenter mon mot : *daronner*. Mais avant de vous donner la définition, nous avons posé des questions aux gens dans la rue. Nous allons voir ce que vous nous avez répondu.
– Se faire daronner... Se faire disputer !
– Daronner, ça c'est quand on se fait patronner, quand on se fait donner des ordres par ses parents, par exemple !
– Euh, faire le daron avec quelqu'un, faire le parent.
– Daronner... Daron, c'est le père ou la mère, voilà. Après, daronner, c'est peut-être se faire... Peut-être prendre le pouvoir sur le père ou la mère, non ?
– Daronner... euh... C'est pas se faire disputer par ses parents ?
– Ah, daronner ! Bah, je connais la daronne, c'est la maman. Donc, daronner, ça doit correspondre à quelque chose qui concerne la maman...
– Daronner... Oh, bah non, alors là !
– Daron, c'est le père ou la mère, c'est ça ?
– Oui, voilà !
– Ah, déjà ! Bon, alors, se faire daronner... Se faire réprimander, non ?

– Se faire daronner, je pense que c'est se faire disputer par son père ou sa mère.
– Alors oui, quelques personnes avaient deviné. Se faire daronner signifie se faire disputer par ses parents.

« Se faire daronner », *Le dico des ados*, France Bleu Normandie, 29/02/2024

**Piste 49, leçon 3, activité 3**
– Comme chaque lundi soir, on retrouve un ou une correspondant, correspondante de France Culture à l'étranger. Ce soir, pas loin de nous, Angélique Bouin, à Bruxelles. Bonsoir, Angélique.
– Bonsoir Arnaud, bonsoir à tous.
– Vous nous l'aviez promis en début de saison, vous allez ce soir nous parler de cet humour si particulier, que j'affectionne, qu'ont les Belges.
– Oui, l'humour, l'autodérision, les jeux de mots assumés, qu'est-ce que l'humour belge ? J'avais promis d'en faire une chronique, parce que quand on circule à vélo dans Bruxelles, eh bien, on a souvent un sourire en lisant à la fois les panneaux publicitaires ou le nom donné à certaines boutiques ou restaurants. Petit florilège : « La courtoisie sur les routes, c'est comme la mayo sur les frites, c'est indispensable. » Ça, c'est mon panneau préféré ! Pour les restos, il y a « Le bout de gras », à Ixelles, il fallait oser, ou la sandwicherie haut de gamme baptisée « Jean Bon », Jean comme le prénom. Vous avez aussi le restaurant « Ma folle de sœur ». J'ai fini par appeler par curiosité : il a été fondé par deux sœurs qui ont revendu leurs affaires, mais le patron n'a pas changé le nom, qui plaît beaucoup, dit-il, aux touristes. Voilà, quand vous êtes le nez en l'air, ici, et bien souvent, en effet, vous souriez.
– Et pour comprendre cette faculté qu'ont les Belges de rire de tout et bien souvent d'eux-mêmes, vous avez justement mis votre nez dans une BD, Angélique.
– Oui, dans le troisième volume d'une trilogie vraiment marrante sortie il y a quelques semaines. Le premier tome de la série s'appelait *Comment devenir belge*, le deuxième, *Comment redevenir belge*, et le troisième, on a envisagé « Comment re-redevenir belge », m'a raconté Gilles Dal, l'un des deux auteurs, mais l'éditeur, dit-il, a tiqué. Ce tome s'appelle donc le *Belgian Brol*. Le « brol », en belge, c'est le désordre et c'est une série qui se moque gentiment des Belges tout en décryptant très sérieusement leur histoire, leur système politique, leur administration kafkaïenne. Une BD qui illustre par ailleurs parfaitement ce sens de l'autodérision, qui les rendent si sympathiques. Gilles Dal, qui manie lui-même l'humour dans les médias et sur les scènes belges, est historien et chroniqueur, il est l'un, comme je le disais, des deux auteurs de cette bd, et dit-il : « Tant mieux si on nous aime ! » [...]
– Alors, comment qualifier l'humour belge ?
– Eh bien j'ai posé la question à Gilles Dal, car il y a, dit-il, pas mal réfléchi.
– C'est difficile parce qu'en fait, je dirais qu'il y a deux types, parce que j'ai longuement réfléchi à cette question. Il y a deux grandes catégories d'humour belge. Vous avez l'humour belge exportable en France, qui a énormément de succès en France, sur France Inter, avec Alex Vizorek, Charline Vanhoenacker, Guillaume Meurisse. Et puis vous avez un humour belge inexportable, qu'on trouve notamment, alors maintenant ça fait quelques années... il y avait les Snuls, qui était un groupe d'humoristes belges dont faisait partie mon cher collègue dessinateur Fred Jannin, qui eux ont un humour typiquement belge et qui n'est pas compris par les Français et donc le point commun est donc difficile à déterminer. En général, ce sont les caractéristiques de la Belgique accolées à l'humour, c'est-à-dire ce sens... ce refus de toute idée de grandeur, ce sens du ridicule et qui dit que quelqu'un qui essaie un petit peu de sortir du lot, de se la ramener, tout de suite, il est tiré vers le bas. Ce qui a à la fois des avantages et inconvénients. Tiré vers le bas, simplement parce qu'on lui dit de pas se la ramener, de pas essayer de faire comme les autres. Et alors l'avantage, c'est que du coup, tout le monde est au niveau du plancher des vaches. L'inconvénient, c'est que ça ne pousse pas à beaucoup de grandeur.
– Voilà, c'est donc de l'humour belge, enfin de l'humour plutôt belge francophone, il faut le préciser. Le tome 3 s'appelle *Belgian Brol*, et c'est donc publié aux éditions Jungle. [...]

« Qu'est-ce que l'humour belge ? », *Affaire à suivre*, par Arnaud Laporte, avec Angélique Bouin, France Culture, 28/06/2021

# NOTES

© CLE INTERNATIONAL, SEJER – Paris 2024
ISBN : 978-2-0903-5616-8